—高校入試によく出る—

胸キュンで覚える中学英熟語300

マンガ えりんご　監修 大岩秀樹（東進ハイスクール講師）

Let's study!
JN026655

♡ キャラクター紹介 ♡

まりあ

少女マンガが大好きなＪＫ。
隣に引っ越してきたルイに
ひとめぼれして、英語を勉強することに。

ルイ

まりあの隣に引っ越してきた
イケメンハーフ。「仲良くなりたいなら
英語で話して」と言ったり、
ちょっとイジワルな面も・・・？

カイト

まりあが大好きな
マンガのキャラクター。
ルイにそっくり。

みーちゃん

まりあの親友。
いつもまりあの相談に
のっている。

♡ もくじ ♡

キャラクター紹介 …… 4
音声について …… 6
この本の使いかた …… 6

STEP 1 必修レベルのフレーズ100 …… 7

STEP 2 初級レベルのフレーズ100 …… 109

STEP 3 中級レベルのフレーズ100 …… 211

さくいん …… 314

♡ 音声について ♡

この本に掲載されている、見出し語と例文は、音声で聞くことができます。ネイティブスピーカーの正しい発音をくり返し聞くことで、さらに英語が身につきます。

▽ ここにアクセス！ ▽

https://l-world.shogakukan.co.jp/

または

PC・スマートフォンから
無料で聞くことができます
（通信にかかる費用はご負担ください）。

♡ この本の使いかた ♡

覚えたフレーズは、ここにチェックを！

1 a lot of~
□ たくさんの～

I have a lot of comics.
▷私はたくさんのマンガを持っている。

1

見出し語。
付属の赤シートで
隠して覚えよう。

くぅ～～～♥
最新刊の「恋君カラフル」最高～！
7巻でついに両想いか～
きゅん♡
きゅん♡
ごてんっ
尊い…
幸せになって…
伊藤 まりあ
マンガ大好きJK
はー♥
幸せ♥

← ほぼマンガ

I have a lot of comics.
（私はたくさんのマンガを持っている）

8

マンガ。
右から読んでね。
見出し語に合わせた
１ページのマンガだよ。
シーンを思い出せば、
フレーズも思い出せる！
自分のペースで覚えてね。
分かりづらいフレーズは、
先輩とまりあが
解説しているよ。

Munekyun
300 English phrases

STEP 1
必修レベルのフレーズ100

受験生は１つ残らず覚えよう！

でこぴんっ

a lot of~

□ **たくさんの～**

I have a lot of comics.

▷私はたくさんのマンガを持っている。

きゅん♡

きゅん♡

伊藤 まりあ
マンガ大好きJK

くぅ〜〜〜♥

最新刊の『恋君カラフル』最高〜！

7巻でついに両想いか〜

こてんっ

尊い…

幸せになって…

← ほぼマンガ

はー♥

幸せ♥

I have **a lot of** comics.
（私は
たくさんのマンガを持っている）

2 be going to~

するつもりだ

I'm going to marry my favorite comic character.

▷私は大好きなマンガのキャラクターと結婚するつもりだ。

キャー♥

やっと最推しマンガ『プリンス☆アイドル』の最新刊出た〜〜〜〜！

あぁ…

推しのカイトが今日もカッコイイ…♥

まりあの推しカイト

好きしかないっ!!

最新刊のカイトもめちゃくちゃカッコよかったー！

結婚しよ♥

→グッズのカイト等身大抱き枕

I'm going to marry my favorite comic character.

（私は大好きなマンガのキャラクターと結婚するつもりだ）

3 look at~

STEP 1

□ ～を見る

When I looked at the house next door, he was there.

▷隣の家を見てみたら彼がいた。

♪
バタンッ
ドンッ
ドタッ
バタバタ
お母さん なんか お隣騒がしいね
あぁ お隣さん引っ越してきたのよ
え!?
ちらっ
!!?
カイトにそっくり!?

When I **looked at** the house next door, he was there.

（隣の家を見てみたら彼がいた）

come to~

□ ～に来る

He came to my house.

▷彼が私の家に来た。

初めまして
隣に越してきた
葉月です
よろしくお願いします
こっちは
息子のルイです
よろしく
お願いします
ご…
推しが
目の前に…!!
ズキューン
かっこよすぎ!!

He **came to** my house.

（彼が私の家に来た）

5 try to~

□ **~しようとする**

I tried to talk with him.
▷私は彼と話そうとしてみた。

あのっ…
少し
お話ししませんか?

……
あ どうしよ
つい勢いで話しかけちゃった
ヤバっ 近くで見てもかっこいい~

I <u>tried to</u> talk with him.

(私は彼と話<u>そうとしてみた</u>)

STEP
1

6 How about~?

□ ~はどうですか

How about speaking in English?

▷英語で話してみてはどうですか？

えっと
あの…
めちゃくちゃ
かっこいい
ですね！
ドキ
ひゃ〜〜〜
ドキ
私の好きなマンガに出てくる
キャラにすごく似ててっ…
ペラ
ペラ
あ そのキャラ
カイトって言うんですけどっ
ペラ
ペラ
アイドル
やってて…
！

にっこり
え？ 何？
なんて
言ったの〜!?

If you're interested in me,
（僕に興味があるなら）
how about
speaking in English?
（英語で話してみたら？）

How about speaking in English?

（英語で話してみては
どうですか？）

7 talk about~

□ ～について話す

I talked about my English skills.

▷私は自分の英語力について話した。

あの えっと…
イングリッシュ!?
英語 使えってこと!?
私 英語 苦手なんだよ～!!
Oh! No!
だって英語って難しすぎじゃない!?
英語って覚えること多すぎ～!!
単語暗記
助動詞
5W1H
熟語暗記
中学生まりあ
私の恋人はカイトだし日本にずっといるから英語は必要ないもんね
ポーイ
えっと私っ
I!
No!
イングリッシュです!
I talked about my English skills.
(私は自分の英語力について話した)

8 one of~

□

~のうちの1つ

You will be just one of my many girlfriends.

▷君は僕にとってたくさんいる女友達のうちの1人になるね。

ぷっ
わっ
笑われた〜
わぁ
君 全然英語できないんだね
ずーん
ひゃ〜
！
あれ!? 日本語だ
あいさつのとき日本語だったっけ？

If you don't study English,(もし英語を勉強しないなら)

でこぴんっ

あたっ

you will be just one of my many girlfriends.

(君は僕にとって たくさんいる女友達のうちの1人になるね)

Bye

???

ポカーン

もしかして

ガーん

英語できないと話すらできない!?

You will be just **one of** my many girlfriends.

(君は僕にとってたくさんいる女友達のうちの1人になるね)

9 talk with~

～と話をする，～と話し合う

I talked with my friend about him.

▷私は彼について友達と話した。

みーちゃん聞いて〜！

ウチの隣に引っ越してきたハーフの人がね

カイトに激似…

え!? それってルイ先輩じゃない!?

！ 知ってるの!?

だって いま学校でめちゃくちゃ話題じゃん！

アメリカからの帰国子女で

日本語も英語も話せるうえにイケメンでヤバい〜って

私も見に行っちゃった♡

やっぱり日本語も話せるんだ！

もっと彼について教えて〜！

えっと クラスは2−A(エー)で…

てかめっちゃ噂になってるのになんで知らないの…

I **talked with** my friend about him.

（私は彼について友達と話した）

STEP 1

10 every day

□ 毎日

I'm thinking about him every day.

▷私は毎日彼のことを考えている。

speaking in English?
まりあが なんとか聞きとれて 分かった部分
なんで 英語で話せなんて 言うの〜
先輩 日本語 喋れるじゃん〜
ぼふん
カイトは 優しい癒し系 だけど
ルイ先輩は いじわる系だ
むむむ
ぐすっ
カイト等身大抱き枕
ある意味 いじわるな カイトかぁ…
ぎゅっ
がばっ
はぁ
め
めっちゃ イイ!
好き!!
はぁ
俺だけ見ろよ
バーカ
……

I'm thinking about him **every day.**

(私は毎日彼のことを考えてる)

11 be interested in~

～に興味がある

I am interested in you!

▷私はあなたに興味があります！

カイト…じゃない
ルイ先輩とお近づきになりたいよ〜
でも英語がぁ〜
ごろんっ
ゴツッ

あ
Sho-Comiまだ読み終わってないんだった
気分転換しよっ

わくわく
パラ…

ハッ

これだ!!

I am interested in you！
（あなたに興味がありますす！）
です！

ルイ先輩っ

たまたま見つけたマンガのワンシーン

I am interested in you!
（君に興味があるんだ）
ドキッ
石油王が私にっ…!?
次号につづく！

I am interested in you!

（あなたに興味があります！）

I see.

□

わかった，なるほど

I see.

▷わかった。

Wow
もしかしてそれってナンパ？
ナンパになるんだ!?
でもルイ先輩話してくれた！
日本語で!!
はい！
さっきのはナンパです！
ははっ
潔いね
I see.（わかったよ）
さっきみたいに英語頑張ったらデートしてあげるよ

I see.

（わかった）

13 live in~

□ **~に住む**

If I marry him, I will live in the United States.
▷もし彼と結婚したら、アメリカに住むだろう。

デートしよう
記憶が都合のいいように変わってる
ぽわ〜ん

ヤバ〜い!!
ごろ
ごろ

お近づきどころかデートって…!
こ
このまま結婚しちゃったりして…!?

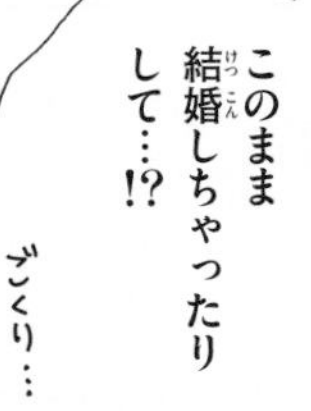
ゴクり…

ハッ
そしたら私アメリカに住むかもじゃん!
英語頑張ろ!!
やる気出てきたー!!

If I marry him,
I will <u>live in</u> the United States.

(もし彼と結婚したら
アメリカに住むだろう)

14 think about~

~のことを考える

I think about going on a date with him.

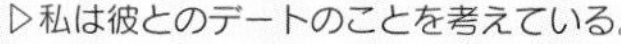

▷私は彼とのデートのことを考えている。

あ
デートで何着よう!?
かわいい系?
年上だし大人っぽいモード系かな?
にやにや
ヤバ〜い人生初デートだ!!
ドキドキ
きゃー♡

I **think about** going on a date with him.

(彼とのデートのことを考えている)

15 how to~

~のしかた

I don't know how to study English.

▷私は英語の勉強のしかたがわからない。

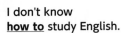

(英語)
見て！
あの2人
英語で話してる！
ステキ！
お似合いの
カップル！
キャー
(英語)
むふふ
もわ～ん
よ～し！
英語の勉強
するぞー!!

英語ってどうやって
勉強すればいいの～!?
留学するしかないの!?

……

I don't know
how to study English.

(英語の勉強のしかたが
分からない)

STEP
1
16

listen to~

□ ～を聞く

Please listen to me!

▷私の話を聞いてください！

英語 分かる人に教えてもらお～
自分じゃムリーー
でもみーちゃんも英語苦手だし
英語の先生だと〝授業聞け〟って言われそー…
みーちゃん
英語の先生
むーーん
あ!!
ルイ先輩に教えてもらえばいいんじゃん!!
日本語話せるし!!

ルイ先輩!
Please listen to me!
(私の話を聞いてください！)
↑翻訳機で調べた

この英語で合ってるよね!?
ドキ
ドキ
イヤな予感…?

Please **listen to** me!

(私の話を聞いてください！)

17 Can I~?

~してもいいですか

Can I speak?
▷話してもいいですか？

ルイ先輩！
私に英語を教えてくださいっ!!
プリーズ
ティーチ
ミー…
たど
たどっ
English!
……
ルイ先輩とデートするために
英語を教えてほしいです…
ずうずうしいしズルい考えなのは分かってます
でもルイ先輩が教えてくれるなら苦手な英語も絶対頑張れるって思って
それでっ
Can I speak, too?
(俺も話してもいい？)
すげー息つづくね
Stop
Stop
はぁ
はぁ

Can I speak?

(話してもいいですか？)

18 for example

たとえば

For example, how about going to school together?

▷たとえば、一緒に登校するのはどうですか？

英語話せるからって教えられるってわけじゃないんだよね

教えるのってスゲーむずい

そうなんですか…

しゅん

ふむ

授業とかでちゃんと勉強しつつ英語に日常的に触れられたらいいとは思うけど

……

しょぼっ

ええ!?

びょん!!

まぁ英語を勉強するように仕向けたの俺だしね

それくらいならサービスしてあげるよ

For example,
（たとえば）

一緒に登校するのはどう？

家隣だし

For example, how about going to school together?

（たとえば
一緒に登校するのはどう？）

19 a lot

□ たくさん，とても

I want to talk a lot with him.

▷私は彼とたくさん話したい。

はい！ぜひとも！
一緒に登校したいです！
はい！
はい！
でも俺 英語で話すからね
びしっ
はい！
もちろんです！
ぽんっ
わしゃ
わしゃ
じゃ 明日からな
ルイ先輩ともっと話したい…
ドキ
ドキ
英語 ホントにがんばろ…!!
スタ
スタ

I want to talk **a lot** with him.

（彼とたくさん話したい）

20 learn about~

~について学ぶ

I learned about love from comic books.

▷私は恋愛についてマンガで学んだ。

ひとまず
明日登校するときに
使える英語
勉強しようっと
さっそく勉強するぞー

待って
はた
登校するときって
何話せば
いいの…?

ヤバい
リアルな恋愛
したことないから
分かんない…
あ
私にはたくさんの
教科書があるじゃん!
↑まりあが持ってるマンガの8割は恋愛マンガ

まじ
この展開
神…

恋愛マンガ
最・高♥
英語は?

ここ
何回読んでも
泣ける…

I **learned about** love from comic books.

(私は恋愛についてマンガで学んだ)

21 in the morning

□ **朝に，午前中に**

I woke up early in the morning.
▷私は朝早くに目が覚めた。

むくっ
チュン
チュン

5時30分!?

目覚ましが鳴る前に起きるなんて
初めて
ドキ
ドキ
目も冴えちゃった

今日は髪の毛ちゃんとまとまるといいな

あ
登校まで時間あるし
朝シャンしよっ
そわ
そわ
いい香りもさせたいもん
ドキ
ドキ

むくみもなくなれー
ぐに
ぐに

I woke up early in the morning.

（朝早くに目が覚めた）

22 one day

ある日

One day, I met him and fell in love.

▷ある日、私は彼に会って恋に落ちた。

朝シャンした
ほかほか
ふー
ぽんっ
わしゃ
かぁ
思い出すと
身体全部が熱くなる

なんか
カイトを見たときとは
違うドキドキな気がする

カイトは
キャーって感じで
先輩は
きゅーってする

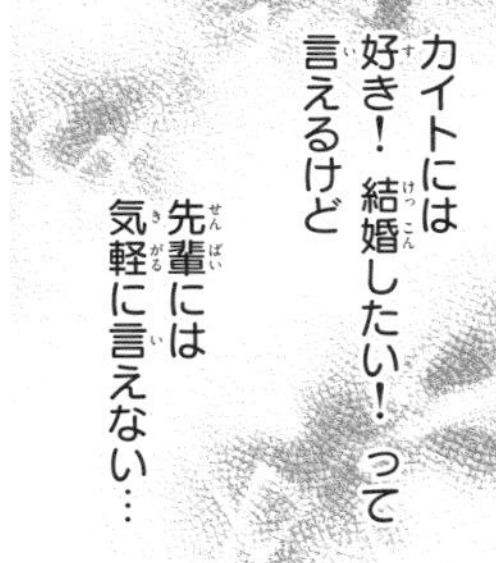

カイトには
好き! 結婚したい! って
言えるけど
先輩には
気軽に言えない…

もしかして
これがほんとに
"恋する"ってこと
なのかな
ドキ
ドキ

<u>One day</u>,
I met him and fell in love.

(<u>ある日</u>
彼に出会って恋に落ちた)

23 take…to~

□ …を～につれていく

It's like taking a dog to school.

▷まるで犬を学校につれていくみたいだ。

ガチャ
!
In English, please.
(英語でお願いします)
おはようございます
今日からよろしくお願いします!
あ えっと…
グッモーニンっ
…
アイム ハッピー!
サンキュー!
えっと
ぶはっ
It's like taking a dog to school.
(まるで犬を学校に連れて行くみたいだ)
?
ブンブン

It's like taking a dog to school.

(まるで犬を学校に連れて行くみたいだ)

STEP
1

24 of course

もちろん

Of course.

▷もちろん。

…っ

ーーっ

〜〜〜っ

ダメ!
話したいのに
何も英語が出てこない

あぁっ

もっとちゃんと
勉強してればっ…

くぅっ…

Bye.
（じゃあね）

あぁ!
もう学校に
ついちゃった…

あのっ
明日も 朝
待っててもいいですか?

Of course.
（もちろん）

答えて
くれた!

あぁ…
結局 日本語…

Of course.

（もちろん）

25 at home

□ 家で

I decided to study simple English at home.

▷私は家で基礎英語を勉強することにした。

キーンコーン
カーンコーン
英語の授業楽しみなんて初めて
授業始めるぞー
先生
名詞？ 形容詞？
副詞…？
to＋動詞の原形？
SVOって何だっけ
？
来伊
BOOKS 来伊國屋書店
本

中学館学習書院
やさしい
基礎英語
中1〜中3
総復習
英語は怖くない！

I decided to study simple English __at home__.

（私は__家で__基礎英語を勉強することにした）

ありがとーございました
家では基礎英語を勉強しよう…！
中学のとき英語あきらめた私のバカ…

STEP
1
26

May I~?

～してもいいですか

May I ask you a question?

▷質問してもいいですか？

Good morning です！
ルイ先輩！

Hi
What's up?
（調子どう？）
？
えっと…？

How are you?
（調子はどうですか？）
！

I'm fine!
（元気です！）

あのっ
May I ask you a question?
（質問してもいいですか？）
昨日勉強したフレーズ！
Sure.
（いいよ）

すごいすごい！
英語で会話できたー

May I ask you a question?

（質問してもいいですか？）

27 What time~?

STEP 1

□ 何時に～しますか

What time do you get up?
▷あなたは何時に起きますか？

What time do you get up?
（ふだん何時に起きますか？）
え!?
7時15分だけど…
あ
予想外の質問でつい日本語で答えちゃった
7時15分！
…そんなの知って嬉しいの？
はい
ぼんっ
!!!
ななな
名前～!!
変で面白いなまりあは
What time do you get up?
（何時に起きますか？）

28 stay at~, stay in~

□ ～に滞在する

I stayed in France for six months.

▷私はフランスに半年間滞在していた。

やべ
今日 日本語で喋りすぎだな
大歓迎です！
In English, please.
(英語でお願いします)
昨日勉強して覚えたのさっきのフレーズだけだ…
ぐぬぬ
えっと
You can speakは Englishと Japaneseですか？
精一杯
察してやるか
頑張ってるし
I stayed in France for six months.
(フランスに半年間滞在してたことがあるんだ)
So, I speak a little French, too.
(だから少しだけフランス語も話せるよ)
?
"リトルフレンチ"？小さいフランス料理？
理解してないな
アホの顔だ

I **stayed in** France for six months.

(フランスに半年間滞在していた)

29 have to~

□ **~しなければならない**

You have to study English a lot more.
▷君はもっと英語を勉強しなきゃね。

You have to study English a lot more.
(君はもっと英語を勉強しなきゃね)

！
ぺちっ

ぱぁ
いまの英語はなんとなく分かった

はい！
英語いっぱいいっぱい勉強します！

だから
いつかデートしてくださいね

In the near future.
(近いうちにね)
？

かー
積極的だねぇ

You **have to** study English a lot more.
(君はもっと英語を勉強しなきゃね)

30 don't have to~

□ ～する必要はない

You don't have to worry about it.

▷君はそのことを心配する必要はないよ。

あ
英語もだけど
コース料理のマナーも勉強しなきゃ
？
コース料理？
なんで？
だってルイ先輩フランス料理が好きなんですよね
さっきフレンチがどーのって
まりあの知識
フランス料理＝高級コース料理
あっはは
You don't have to worry about it.
(君はそのことを心配する必要はないよ)
まじかー
さっきはフランス語も少しなら話せるって意味だよ
ええ!?
恥ずかし～

You **don't have to** worry about it.

(君はそのことを心配する必要はないよ)

STEP
1

31 get up

□ **起きる**

I got up earlier than him.

▷私は彼より早く起きた。

ピピピピピピ

よし！

7時

ふふふ

7時15分に起きるけど

まりあの妄想

7：15

コソッ

寝起きでパジャマ姿の先輩が見れるかも!?

家が隣の特権!!

現実（7：30）

しーん

あれ!? もしかして向かいの部屋じゃない…!?

がーん

I **got up** earlier than him.

（私は彼より早く起きた）

STEP
1

32 from A to B

A から B まで

It takes twelve minutes from home to school.

▷私の家から学校までは12分です。

あの 先輩の部屋って どの位置なんですか?

んー?

It's a secret.
(秘密)

何?
なんか 企んでんの?
怖いなー

たっ…!?

企んでる… かもです

まじか まりあは 素直だな~

スキンシップが多めで 結局 日本語でも話してくれて 豪快に笑う先輩…
家から学校までの 12分で分かったこと

もっと遠かったら よかったのに

It takes twelve minutes **from** home **to** school.
(私の家から学校までは 12分です)

33 be happy to~

□ ～してうれしい

I am happy to go to school with him.
▷私は彼と登校できてうれしい。

ちょっと連絡
はい
……
にへ～
あのさ その急にニヤけるの何？
すげぇ気になる

!
バレてた…
バレてないと？
だって先輩と登校してるんですよ!?
うれしくてニヤけますよそりゃ!!

それは…どうも？
にへら
見てるだけで目の保養です

I **am happy to** go to school with him.
（私は彼と登校できてうれしい）

look for~

～を探す

I looked for my smartphone.

▷私はスマホを探した。

まりあは けっこう 愛情表現ストレートだよね

え!? そ… そうですか?

え… 無自覚なの?

じゃあ 連絡先 交換しようかって 言ったら

どうなっちゃうの?

ひら ひら

!!

いますぐ スマホ出します!!

予想以上すぎ

I **looked for** my smartphone.

（私はスマホを探した）

35 How long~?

STEP 1

どのくらい（の間）～

How long should I wait to go on a date with you?
▷あなたとのデートまでどのくらい待てばいいですか？

連絡先交換中
ふるふる
葉月 ルイ
みーちゃん
杏ちゃん
友だち
ほわぁ～
まさか 先輩と 連絡先 交換 できるなんてっ…！
でも…
……
…あの
あと どのくらい待てば
先輩と デートできますか？

How long should I wait to go on a date with you?

（あなたとのデートまで どのくらい待てばいいですか？）

STEP 1

36 after school

□ 放課後

Let's go on a date after school.

▷放課後デートしない？

はっ
先輩が優しくてつい欲ばっちゃった！
すみません
英語まだまだ全然のくせにっ…
つい舞い上がっちゃって…
そうだなあ
まぁ意気込みは認めてるから
デートって言った!?
ええ!?
1日デートはまだ おあずけね
Let's go on a date after school.
(放課後デートしよっか)

Let's go on a date **after school**.

(放課後デートしない？)

37 a little

□ 少し，少しの

I studied English a little bit.

▷私は少し英語を勉強した。

ルイ先輩と放課後デート…
伊藤聞いてるかー？
先生
ぽけー

放課後デート…
ボムっ
ぽけー
まりあ!?

ぽけー
何も手につかない…
ボーっと…

してる場合じゃない!!

休憩中に少しでも英語を勉強しよう!!
English

I studied English **a little** bit.

（私は少し英語を勉強した）

え!?
まりあが勉強してる!?
本はマンガしか読まないまりあが!?

38 be able to~

☐ ~することができる

I was able to answer a question in English class.

▷私は英語の授業で質問に答えることができた。

放課後デート～!!
英語の調子どう？
あ
I was able to answer a question in English class.
（私 英語の授業で答えることができました！）
報告したくてさっき英文を勉強した
先輩のおかげです！
ほめてオーラ
それは ご褒美あげなきゃだな
よしよし
ぽむっ
!?
That's good!
（それはイイね！）
すげぇシッポが見える
I was able to answer a question in English class.
（私は英語の授業で質問に答えることができた）

39 Can you~?

STEP 1

□ ～してくれますか

Can you take a picture with me?

▷私と一緒に写真を撮ってくれますか？

ご褒美!?
もうすでにいまがご褒美なのに!?
太っ腹すぎる!!
欲張りすぎる要求は却下だからな
ちゃんと見合ったやつね
あのっ
私と一緒に写真を撮ってほしいです!
スチャ
そんなんでいいの？
全然"そんなん"じゃないです!
別にいいけど
ありがとうございます
近っ…!!
はわわ…
撮らないの？
えっとこのカメラのアプリで…

Can you take a picture with me?

(私と一緒に写真を撮ってくれますか？)

STEP
1

40 How many~?

□ **いくつの～，何枚の～**

How many photos are you going to take?

▷君は何枚写真を撮るつもりなの？

カシャ
カシャ

横向き

……
カシャシャシャシャ

連写

ドキ
ドキ
カシャ

Stop!
ぶはっ

きゅ～
笑顔好き

How many photos are you going to take?

（君は何枚 写真を撮るつもりなの？）

How many photos are you going to take?
（君は何枚 写真を撮るつもりなの？）
なんで連写？

41 more than~

□ ～より多く

I went to the café more than ten times.

▷私はカフェに10回より多く行った。

さて
このまま行ったら
家だけど
どうする？
あの
カフェで英語の勉強
見てほしいです！
え
そんなんで
いいの？

カフェで
放課後勉強デートって
憧れですよ！
!!!

ステキな人と行くのを
妄想しながら
10回より全然多く
カフェ行ってますもん

I went to the café **more than** ten times.

（私はカフェに10回より多く行った）

ははっ
じゃあ
その妄想を
実現しにいくか
!
やった—！

STEP 1

ここがポイント！

More than は「〜以上」と訳しちゃダメ？

まりあ

先輩、どうして“more than”は
「〜以上」って訳しちゃダメなんですか？

たとえば日本語で「3回以上」っていうと、
「3回」が含まれるだろ？
でも英語の“more than three times”には
“three times”は含まれないんだ。

ルイ

まりあ

えっ、そうなんですか？
じゃあ英語で「3回以上」って
言いたいときは…。

“more than twice”になるんだ。
だから、“more than three times”を
訳すときは「4回以上」か「3回より多く」が
正解だよ。

ルイ

まりあ

うう…、ややこしい…。
がんばって覚えます。

42 in the future

STEP 1

□ **将来は**

You don't know what will happen in the future.

▷将来、何が起こるか分からない。

今日は授業でやったんですけど ここ文法とか難しくて…
補語とか…
あー
たしかに俺は自然と身についてるからなぁ
こんな初歩でつまずいて自分が英語を喋ってる未来が見えないですぅ
しょぼーん
いまこうしてまさかの放課後デートしてるわけだし
You don't know what will happen in the future.
将来どうなるかなんて分からないよ
たしかに！
私頑張ります!!
→単純

You don't know what will happen **in the future**.

(将来、何が起こるか分からない)

43 at school

□ 学校で

I might be asked about him at school.

▷彼のことを学校で聞かれるかもしれない。

あれ？ルイじゃん
おー
先輩のお友達かな
ー
ん!? お前 女の子と一緒か!?
ドキッ

まぁね
なんだよ スカしやがってー
明日ちゃんと教えろよー
はいはい
どうすれば…

ドキ
ドキ
どうしよう!
明日 学校でみんなに聞かれるかも!?
キャ〜

じゃーなー
……

I might be asked about him **at school**.

（彼のことを学校で聞かれるかもしれない）

44 I'd like to~. = I would like to~.

STEP
1

□ **～したい（のですが）**

I'd like to take a "purikura" with you.

▷あなたと一緒にプリクラを撮りたい。

そろそろ俺たちも帰るか

え!? もう!?

あのっ

I'd like to take a "purikura" with you!
（あなたと一緒にプリクラを撮りたいです！）

放課後デート記念ほしい!!。

そのフレーズちょっとていねいな言い方だから

俺には使わなくていいよ

そうなんだ

メモメモ

プリクラか～

あれ 俺すげぇ女顔になるんだよなぁ

え!?

見たい!。

しようがない行くか

やったぁ!!

やさしい♡

<u>I'd like to</u> take a "purikura" with you.

（あなたと一緒にプリクラを撮<u>りたい</u>）

STEP
1
45

some of~

~のいくつか，~のいくらか

I don't like some of these.

▷この中のいくつかは気に入らない。

初プリ♡

やった！
ルイ先輩とプリクラ！

にへら

やっぱり
いくつかは
気にくわないな

なんでこんな唇赤くなんの？

まぁ

まりあが
満足してるなら
いいけど

!!

きゅん♡

きゅんゼリフを
そんなサラリと!!

そーゆーのが
むしろいいんです！

思い出！

I don't like
some of these.

(この中のいくつかは
気に入らない)

46 want to~

□ ~したい

I want to go out with you more.

▷わたしはあなたともっと遊びに行きたい。

満足した？
はい！
ありがとうございます。
ほく
ほく
もっとスタンダードに映画とかショッピングって言うかと思った
まさか勉強とプリクラとは
え！
映画もショッピングも行きたいですよ！
あとパンケーキも一緒に食べに行きたいし遊園地とか水族館とカラオケも…

えっと
I want to go out with you more!
(先輩と もっと遊びに行きたいです！)

妹がいたらこんな感じなのかな

…！

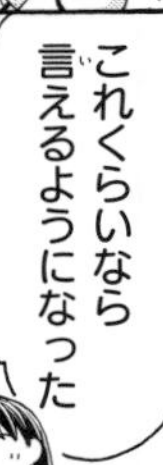
これくらいなら言えるようになった
ほく。
ほく

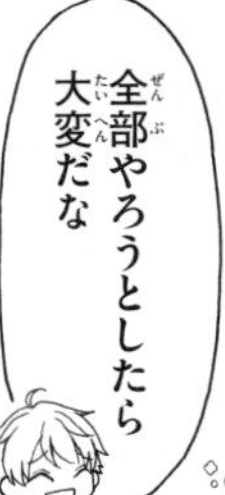
全部やろうとしたら大変だな

I **want to** go out with you more.

(私はあなたともっと遊びに行きたい)

STEP
1

47 want…to~

□

…に~してもらいたい

I want him to love me someday.

▷いつか彼に私を好きになってもらいたい。

あー 妹…

たしかに そんな感じのスキンシップだったかも

妹かぁ…

いやいや！ 何期待してたの！

もとから先輩は私に付き合ってくれてるだけじゃん！

強欲すぎ！

妹で全然いいじゃん！

こんなに近くなれたし

将来はどうなるかなんて分からない！

…いつか

いつか私を好きになってもらえたらいいな…

I want him to love me someday.

（いつか彼に私を好きになってもらいたい）

48 Thank you for~

STEP 1

□

~をありがとう

Thank you for going on a date with me.
▷デートしてくれてありがとう。

さっきから
1人でどうしたの？
挙動不審…
いえ！
なんでもないです
放課後デートしてくれて
ありがとう
ございました！
これからも
英語
頑張れます！
それは何より

こちらこそ
ありがとな

じゃーな
ドキ
ドキ
そーゆーことを
サラリと～!!
きゅ～ん

<u>Thank you for</u> going on a date with me.
（デートしてくれて<u>ありがとう</u>）

decide to~

□

~しようと決心する

I decided to be a charming girl.

▷私は可愛い女の子になろうと決心した。

"妹"って子供っぽいってことかなぁ
たしかに"犬っぽい"とは何回か言われてた気がする
WAN

すくっ
よし！
英語も頑張るけど
意識してもらえるような可愛い女の子になるぞ！

………
何すればいいか分かんないけど…
これから考えていこうっ…

I **decided to** be a charming girl.

(私は可愛い女の子になろうと決心した)

50 Will you~?

□ ～してくれますか

Will you open the curtains?

▷カーテンを開けてくれますか？

ピロン
ライン：新着
ルイ先輩
え!?
ルイ先輩!?

Will you open the curtains at the window?

カーテン？
オープン？
？

？
!!

シャッ

やっぱり先輩
向かいの部屋だったんだ！
ドキ
ドキ
てか 私
いまパジャマ～
ふいうち
ズルい～!!
私も覗くつもりだったけど…

Will you open the curtains?

（カーテンを開けてくれますか？）

51 come back to~

□ ～へ帰ってくる，～へ戻る

He came back to Japan four years ago.

▷彼は４年前に日本に戻ってきた。

先輩 やっぱり向かいの部屋だったじゃないですか！

ははは

反応見たくてさ

絶対アホ顔してたぁ…

かわいい女の子になりたいのに…

前住んでた家は隣と離れてたから

こーゆーの新鮮だな

アメリカの家ですか？

いや

日本に戻ってきたのは4年前の中学生のときなんだよ

引っ越してきたから勘違いされやすいけど

え!?

中学生の先輩見たい！

学ランですか!?…

そこ？

学ランだったけど…

He **came back to** Japan four years ago.

(彼は４年前に日本に戻ってきた)

52 talk to~

□ **~と話をする，~に話しかける**

I want to talk to him more.

▷私は彼ともっと話したい。

中学のときにはもう日本にいたんだ
私ほんと先輩のこと知らないな…
好きなくせにぃ
ぼそっ
もっと先輩と話したいな
いいよ
いつでも話しかけてよ
学校でもラインでも
まりあならいいよ
え…
In English でね
でた！In English…
I want to talk to him more.
(私は彼ともっと話したい)

STEP
1

53 All right.

□ **いいですよ**

All right.
▷いいですよ。

〝まりあなら いいよ〟

ドキ

ドキ

からかうために言っただけなんだろうけど…

よーし

All right! I can do it!
（いいですよ！やってみせます！）

お

もーいろいろと…！

まりあはポジティブだよな～

俺けっこー声かけられるから

そのたびに英語で話すけど

ほとんどの子はもう話しかけてこなくなるからさ

え

私ってけっこーガツガツしすぎ!?

そーゆーとこが子供っぽいのかな

All right.

（いいですよ）

 last year

STEP 1

□ 昨年

Last year, he didn't talk with any girls at school.
▷昨年、彼は学校で女の子たちと話さなかった。

声かけられるの
メンドーで
英語で返してたから
ぼそっ
去年 学校で
女の子と話したこと
なかったな
そういえば
ほんと日本って
英語苦手な人
多いよね
え!?
耳だんぼ
じゃ
じゃあ 先輩
前の学校で
彼女いなかったって
ことですか!?
……
ドキ
でも 先輩が
私とこうやって
話してくれてるのって
けっこーすごいこと
なんじゃ…?
ドキ
It's a secret.
(それは秘密)
Please ask me
in English.
(質問は英語で
お願いします)
うっ…

Last year, he didn't talk with any girls at school.

(昨年、彼は学校で女の子たちと話さなかった)

STEP
1

55 each other

□ **お互い**

We looked each other in the eyes.

▷私たちはお互いに見つめ合った。

期待したり残念に思ったり恋すると忙しい～

そういえば

俺たちのこと学校でなんて言おうか

カフェで俺の友だちが聞いてきたでしょ

あ

ただのお隣さん…は寂しいし

友達…は近すぎ?

やっぱり先輩と後輩…かな

秘密

――って言おうかな

え……?

We looked **each other** in the eyes.

(私たちはお互いに見つめ合った)

56 need to~

STEP
1

□ **~する必要がある**

We need to know each other better.
▷私たちはお互いをもっと知る必要がある。

"秘密"って…
なんか
それって…
それって
意味ができちゃう
気が…

俺たちの関係が
なんなのか決めるのは
もう少し お互いを
知ってからにしようか

この先があるって…
期待しても
いいのかな

We **need to** know each other better.

(私たちはお互いを
もっと知る必要がある)

STEP 1

57 as…as~

□ **～と同じくらい…**

She has as many comic books as I have.

▷彼女は私が持っているのと同じくらいたくさんのマンガを持っている。

ちょっと まりあ どういうこと〜!?
みーちゃん
まりあ ルイ先輩と 噂になってるよ!
あ
実はいま 先輩と 一緒に登校してるの
ええ!?
家が隣だからって だけなんだけど…
私
ルイ先輩のこと 好きになった
あー だから最近 変だったのか
言うの遅くなって ごめんね
悩んでるのかと 思って 読みたいって言ってた 長編マンガ 全巻持ってきちゃった
恋バナなら 大歓迎〜っ
みーちゃん♥
She has as many comic books as I have.
(彼女は私が持っているのと同じくらいたくさんのマンガを持っている)

58 a few~

□ 少しの～，2、3の～（数えられる名詞につく）

I can read sixty comic books in a few days.

▷私は数日で60冊マンガを読むことができる。

じゃあ いまは
マンガどころじゃないか〜
でも マンガは
持って帰ってよ
せっかく持ってきたし
返すのは
いつでもいいからさ
ありがと
みーちゃん
きゅん♡

数日後
まりあ？
みーちゃん
マンガありがと〜
読み終わったから
明日持ってくね〜
え!?
全60巻だよ!?
ヨユーだよ〜
おもしろいから
一気読みしちゃった〜

さすが
まりあ
恋しても
マンガ愛は変わらないのね
嬉しい♡

I can read sixty comic books in <u>a few</u> days.

（私は数日で60冊マンガを読むことができる）

STEP
1

59 take care of~

□ ～の世話をする

I have to take care of my dog.

▷私は犬の世話をしなければならない。

キーンコーン
カーンコーン

ルイくんっ

あの
よかったら
これから

私たちと
遊びいかない？

………

Sorry.

I have to
take care of my dog.

（ごめんね。犬の世話
しなきゃなんだ）

I have to
take care of my dog.

（私は犬の世話を
しなければならない）

60 for a long time

□ **長い間**

He has not read comic books for a long time.

▷彼は長い間マンガを読んでいない。

まりあ
!
ピクッ
ルイ先輩！ いま 帰りですか？
うん
それ マンガ？

はい！
いま話題の『恋カラ』です！
友だちに貸してたんです
マンガか そういえば 小学生以来 読んでないな
ええ!?

あー
あの よければ コレ お貸しします！
いいの？
もちろんです！

He has not read comic books **for a long time**.

（彼は長い間マンガを読んでいない）

STEP 1
61

out of~

～から，～の外に（へ）

I may see him when I go out of my house.

▷家から出たときに、彼に会えるかもしれない。

よ～し！
この週末で
ドリルやりきるぞ！
基礎英語ドリル
コン
コン

まりあ
悪いんだけど
キッチンペーパー
買ってきてくれる？
きらしてたの忘れてた

うん
いいよ

あ
ちょっと
待って！

着替え

髪整え

スーパー行くだけ
なのに？

身だしなみは
大事だもん
行ってきまーす

ルイ先輩に
バッタリ会うかもだし
お隣さんだもの

I may see him
when I go **out of** my house.

（家から出たときに
彼に会えるかもしれない）

62 go to school

STEP 1

□ 学校へ行く

I want to go to school right now.

▷私はすぐにでも学校に行きたい。

これで終わり…っと
ばふっ
ぼふんっ
……

連絡先 交換したけど
まだ私から連絡できてない…
英語が まだまだって いうのもあるけど
ライン送るのって なんかすごく 緊張しちゃう～
ホーム
友だち
葉月 ルイ
みーちゃん
結奈

I want to **go to school** right now.

（すぐにでも学校に行きたい）

先輩 いま 何してるのかな
早く月曜に ならないかな

63 come from~

□ ～の出身である，～に由来する

She comes from Hawaii.

▷彼女はハワイの出身です。

Good morningです 先輩！
まりあは朝から元気だな
だって先輩に会えるから
エヘヘ
ルイ！
ちょうどよかった おはよ
（流暢な英語）
え…
（流暢な英語）
誰!?
あー 橋本先輩でしょ
みーちゃん知ってるの!?
ハワイ出身で英語ペラペラなんだって
両親は日本人みたいだけど
え
2人で英語弁論大会に出るらしいよ

She **comes from** Hawaii.

（彼女はハワイの出身です）

64 in front of~

STEP 1

～の前で

They were chatting in front of me.

▷彼らは私の前で話していた。

そりゃ女の人とだって話すよね
前の学校ではたまたま英語できる人がいなかっただけで…
……
2人ともすごく流暢で
何話してるか全然分からなかった

見えない壁ができたみたいで
いつもみたいに先輩に話しかけられなかった
They were chatting in front of me.
(彼らは私の前で話していた)

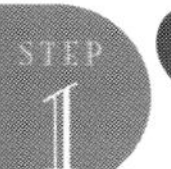

65 what to…

□ **何を…したらよいか**

I didn't know what to say.

▷私は何を言ったらいいか分からなかった。

ルイ先輩と橋本先輩が並んでるの見て
橋本先輩の方が何歩も先輩と近くて隣にいるのが自然にみえた
英語頑張ればって思ってたけど
意味あるのかな…

どうした？今日静かだな

…
えっと…
いろいろ聞きたいことあるのに…

なんでもないです
結局何も言えなかったー…

I didn't know **what to** say.

（私は何を言ったらいいか分からなかった）

STEP 1

□ いろいろな種類の～

I realized that there were many kinds of love.

▷私はいろいろな種類の好きがあることに気づいた。

何言ってんの!

まりあは英語できないのにルイ先輩と話せてるんだよ!?

ぶっちゃけ私は橋本先輩よりまりあの方が特別に見えるよ

!

…たしかに…?

← 単純

そうかな?

そうだよ

そう思う?

そう思うよ

しっかしこの前まで

カイト♡カイト♡言ってたのに

すっかり恋する乙女になっちゃって♡

ふふっ

カイトはいまも好きだよ!

でもルイ先輩と出会って

"好き"っていろんな好きがあるんだって分かったの

かぁ

I realized that there were **many kinds of** love.

(私はいろいろな種類の好きがあることに気づいた)

STEP
1

67 Shall we~?

□ ~しましょうか

Shall we go to the summer festival together?

▷一緒に夏祭りに行きましょうか。

そういえばもうすぐ期末テストだけど

英語のテスト大丈夫そう?

はい!

いつもは20点前後だけど今回は40点はいけそうです!

ドヤぁ

……

40点…

今日授業でやったShall we～?だって

もうバッチリ覚えちゃいましたから

たしかそんな感じの映画のタイトルもありましたよね～

得意気～

よし

英語のテスト70点以上目指すぞ

え!?

にっこり

目標達成できたら…

Shall we go to the summer festival together?
(一緒に夏祭りに行きましょうか)

!?

Shall we go to the summer festival together?

(一緒に夏祭りに行き<u>ましょうか</u>)

68 go to bed

STEP 1

□ 寝る，ベッドに入る

What time did you go to bed last night?
▷昨夜は何時に寝たんですか？

アオーン
ゴゴゴゴ
夏祭り!
ガリ
ガリ

期末テストの英語
70点以上でルイ先輩と夏祭り！
ドキーン
絶対
絶対
頑張る!!

先輩
おはよー
ございます…
何そのクマ!?
ふら〜
ふら〜

昨日何時に寝たんだ？
大丈夫か？
えっと5時…だったかなぁ
大丈夫ですー

What time did you
go to bed last night?

(昨夜は何時に寝たんですか？)

STEP
1
69

get to~

□ **～に着く，～に到着する**

I will get to the library soon.

▷もうすぐ図書館に着きます。

市立図書
まりあ
来ないなぁ
遅刻めずらしい
今週の日曜
一緒に図書館で
テスト勉強しない!?
家だと
寝ちゃうの～
ふむ

着信
まりあ
まりあだ

どうしたん?
ごめんね
みーちゃん
寝坊しちゃって
もうすぐ
着くから～
ん～
了解～

私…から
誘っ…たのに
遅刻…ごめっ…
いいよ
むしろ
まりあが大丈夫?

I will **get to** the library soon.

（もうすぐ図書館に着きます）

70 go back to~

□ ～へ戻る，～へ帰っていく

He may go back to the United States someday.
▷彼はいつかアメリカへ戻るかもしれない。

勉強開始
ねぇねぇ
"come back to"と
"go back to"って
同じ"戻る"じゃん
かからん～
どう
違うの～？
まかせて！
そこは
Rui came back to Japan.
(ルイ先輩は
日本に戻ってきた)
Rui may go back to
the United States someday.
(ルイ先輩はいつか
アメリカに戻るかもしれない)
で覚えればいいよ
アメリカに
戻っちゃうのはイヤだけど
He may go back to
the United States someday.
(彼はいつか
アメリカへ戻るかもしれない)
聞き手のいるとこに
"戻る"か違うとこに
"戻る"かなんだよ
おぉ
すごい
恋をうまくからめて
苦手な英語
頑張ってるんだ…！

71 Why don't you~?

～しませんか，～してはどうですか

Why don't you take a break?

▷少し休憩しませんか？

昼休み
まりあ1人なの？
先輩！
あ　少しでも勉強したくて
Why don't you take a break?
（ちょっと休憩したらどう？）
ストンっ
ぽすっ
え……!?

Why don't you take a break?

（少し休憩しませんか？）

72 around the world

□ **世界中で**

The singer is popular around the world.

▷その歌手は世界中で人気だ。

え―――!!?

ドキ

ドキ

ドキ

♫♪♩♪

洋楽ですか？

うん

けっこう世界的に人気な歌手だけど知らない？

？

←そーゆーの疎い

The singer is popular __around the world.__

（その歌手は世界中で人気だ）

先輩
こーゆー音楽
聴くんだ

73 be glad to~

□ **~してうれしい**

I am glad to hear that.

▷私はそれを聞いてうれしいです。

キーンコーンカーン……

ハッ

すみません

パッ

ガッツリ寝てた…

休めたか？

はい！

心も身体も元気モリモリになりました！

ドキーンッ

はいはい

でもあんまムリすんなよ

クマできてるぞ

I'm glad to hear that.
（それを聞いてうれしいよ）

心もなの？

I **am glad to** hear that.

（私はそれを聞いてうれしいです）

worry about~

STEP 1

～について心配する

Don't worry about it.
▷それについては心配しないで。

期末テスト当日

まりあどう？ 英語のテスト勉強バッチリ？

頑張ったけど範囲広くて不安…

あ

筆記用具大丈夫？

直前になって消しゴムないとかやめてよー

まりあならありえる

それについては心配いらないよ

じゃーん

70点とってよまりあ！

頑張る!!

ありがとみーちゃん!!

Don't <u>worry about</u> it.

（それに<u>ついては心配</u>しないで）

STEP 1

75 part of~

□ ～の一部，～の部分

I couldn't answer the last part of the test.

▷私はテストの最後の部分が分からなかった。

がーん

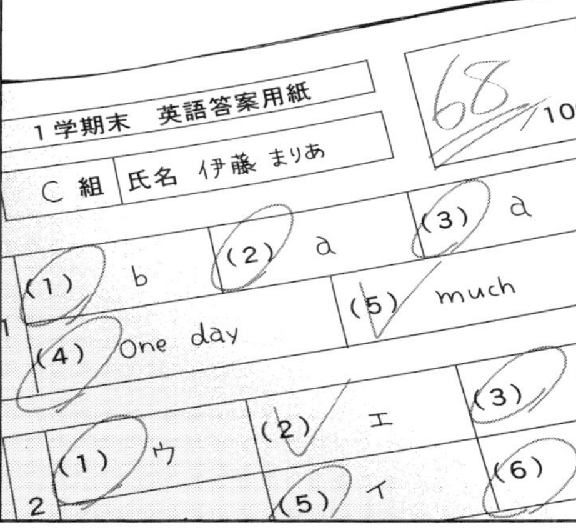

1学期末　英語答案用紙
C組　氏名　伊藤まりあ
68/100
(1) b
(2) a
(3) a
(4) One day
(5) much
(1) ウ
(2) エ
(3)
(5) イ
(6)

うそ～～!!
採点ミスとかない!?
あと2点…
あと2点…

ぐすっ
やっぱり
さいごの文章問題が
ダメだったんだ…

がっくし
68点で
合ってる…
68

I couldn't answer the last **part of** the test.

(私はテストの最後の部分が分からなかった)

go home

STEP 1

□ 帰宅する

I want to go home right now.

▷私はいますぐ家に帰りたい。

先輩との夏祭りがー…
自分のバカちん〜
この結果が まりあの俺への気持ちってことね
68点…
って思われたらヤダ〜…

こんな結果 先輩に見せられないよ〜!!
情けなさすぎる

合わせる顔ないし 早く家に帰りたい…
好きなマンガ読んで癒されたい…

I want to **go home** right now.

(私はいますぐ家に帰りたい)

77 all of~

□

~の全員，~のうちのすべて

All of my friends cheered me up.

▷私の友達全員が、私を元気づけてくれた。

じめじめ
まりあ
もう今日はカラオケ行っちゃお
特別にハニトーおごっちゃう
アニソンしばり久々やろ!

ね
行こうよまりあ
みんな…
じ〜ん

行く〜!
みんな大好き〜

<u>**All of**</u> my friends cheered me up.

(私の友達全員が私を元気づけてくれた)

78 Could you~?

~していただけますか

Could you tell me the way to the train station?
▷駅への道を教えていただけますか？

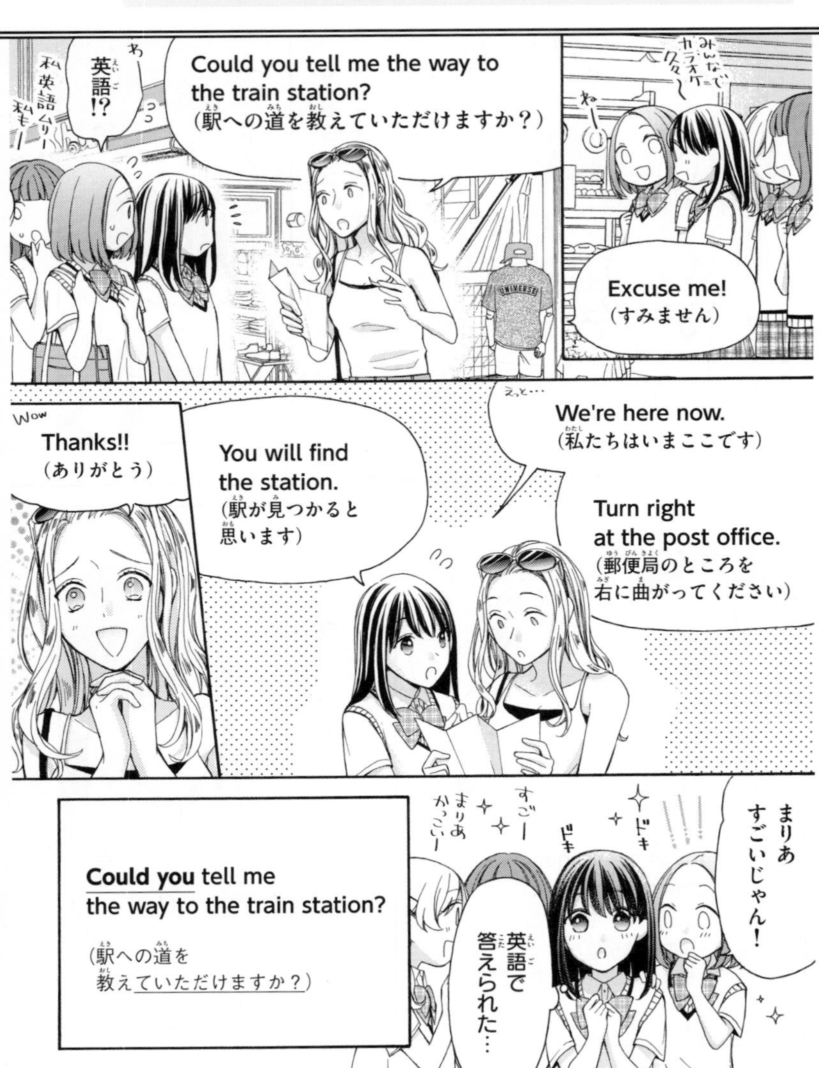
みんなでカラオケ行こ〜
ねー
Excuse me!
(すみません)
Could you tell me the way to the train station?
(駅への道を教えていただけますか？)
わー
英語!?
私英語ムリー
私もー
えっと…
We're here now.
(私たちはいまここです)
Turn right at the post office.
(郵便局のところを右に曲がってください)
You will find the station.
(駅が見つかると思います)
Wow
Thanks!!
(ありがとう)
まりあすごいじゃん!
ドキドキ
すごー
まりあかっこいー
英語で答えられた…
Could you tell me the way to the train station?
(駅への道を教えていただけますか？)

STEP
1

79 be born

□ 生まれる

He was born in July.

▷彼は7月生まれだ。

まりあ

すごいじゃん
英語で道教えられるなんて

ルイ先輩!

ーーっ

でも
テスト68点でした…

…じゃあ
努力賞として俺からプラス2点あげるよ

え!?

夏祭りの日
俺誕生日なんだよね

まりあと過ごしたいんだけど

He <u>was born</u> in July.

(彼は7月<u>生まれ</u>だ)

80 at night

STEP 1

□ **夜に**

I chatted with my friend until late at night.

▷私は夜遅くまで友達とおしゃべりした。

夏祭りの日
俺誕生日なんだよね
まりあと過ごしたいんだけど
キャー
聞いてたウチらも胸キュンしちゃったよ～
キャー
私はトキメキがやばいよ～
心配かけてごめんね みーちゃん
いーって 可愛い浴衣買いに行こーね
そのときパンケーキ奢っちゃう!
やったー
ねぇもっと詳しくルイ先輩とのこと聞かせてよ～
長くなるよ?
ドンとこ～い!!
テストも終わったしね
I chatted with my friend until late at night.
(私は夜遅くまで友達とおしゃべりした)

STEP 1
81

on TV

テレビで

I saw this pancake restaurant on TV.

▷私はテレビでこのパンケーキ屋を見た。

浴衣 好みのあって よかったね
うん ありがとね みーちゃん
ほく ほく
あ ここだ！
ここのパンケーキ屋 来てみたかったんだよね
パンケーキ Cafe
ここ この前 テレビで見た！

パンケーキ Cafe
あれ!? でも誰も並んでないよ!?
休みかな!?

もちろん 予約済み♪
すご～い ハイテク～！

じゃーん
ここ ネットで予約できるから
待ち時間なしで入れるんだよ

I saw this pancake restaurant <u>on TV</u>.

（私は<u>テレビで</u>このパンケーキ屋を見た）

82 have a good time

STEP 1

☐ **楽しい時を過ごす**

We had a good time **there.**

▷私たちはそこで楽しい時を過ごした。

キャ～

おいしそ～！

いただきま～す

ぱく

おいしー!!

これはリピ決定だね

次はルイ先輩と来るかもよ～

キャー

みーちゃんは？一緒に来たい人いる？

…実はいる

え!?

なんか照れちゃって言い出せなくてさ～

言ってよ～聞かせて～

パンケ Caf

We <u>had a good time</u> there.

（私たちはそこで楽しい時を過ごした）

STEP
1

83 How much~?

□ ~はいくらですか

How much is this?
▷これはいくらですか？

夏祭りの日
先輩 誕生日だし
プレゼント
用意しよ♪
やっぱり
男の人に
プレゼントするなら
腕時計が
憧れだな～
いつも身につけてて
ほしいし～
よく聞く
時計のブランド
見てみよ
RELOX
クラシカルウォッチ
¥ 1,842,500
え――!!?
これって
いくら!?

How much is this?

（これは<u>いくらですか</u>？）

84 give up

□ あきらめる，やめる

I gave up buying a watch for him.
▷私は彼に腕時計をあげることをあきらめた。

ハッ
もしかして彼女でもないのに腕時計のプレゼントって重い…!?
そもそも私が腕時計をプレゼントするのに憧れてるだけだしな～…
先輩が欲しいかは分かんないし…
さっきの時計はムリだし…

……
はぁ
腕時計はあきらめよ…
でも好きな人にあげるプレゼントって何なら正解なの～!?
迷宮入りの予感…

I **gave up** buying a watch for him.

(私は彼に腕時計をあげることをあきらめた)

wait for~

□ ~を待つ

I was wating for his message.

▷私は彼からの連絡を待っていた。

そわ そわ
ウロ ウロ
？
そわ そわ
まりあ
そわそわしてどうしたのよ？
な
なんでもない
ピロン
!!
ルイ先輩
ドキッ
明日
17：30に
家の前ね
はわわわわわ
ドキ
ドキ
ドキ
ドキ

I was **waiting for** his message.

（私は彼からの連絡を待っていた）

86 the next day

□ **その翌日，次の日**

The next day, I went to the summer festival.
▷次の日、私は夏祭りに出かけた。

次の日
ドキ
ドキ
ドキ
みーちゃん
行ってくる～
ドキドキ
帰ってきたら
電話してね！
ガンバ
行ってきまーす

The next day,
I went to the summer festival.

(次の日
私は夏祭りに出かけた)

all over~

□ ~中で，~のいたるところで

Yukata is popular all over Japan.

▷浴衣は日本中で人気だ。

先輩！

おはようございま…
あ
こんばんはですね

いつものくせで

……

あの…？

？

浴衣かわいいな

ドキッ

浴衣が日本中で人気なのなんか分かるな

私が褒められた？それとも浴衣？

ドキ

かぁ

ドキ

Yukata is popular **all over** Japan.

（浴衣は日本中で人気だ）

88 a member of~

STEP 1

~の一員

I'm a member of the Strawberry fan club.

▷私はいちごファンクラブの一員です。

あ いちご飴！
へー そんなのあるんだ
いちご飴

このいちご とちおとめだ
え 品種分かるの？

はい！
私 いちごファンクラブのメンバーなんで
←友だち内で作ったクラブ
とちおとめは程よい甘酸っぱさが飴との相性バツグン…
パ

ほんとだ
シャリ
シャリ
!!

I'm **a member of** the Strawberry fan club.

（私はいちごファンクラブの一員です）

89 I think that~.

私は~だと思う

I think that he is cool.

▷彼はスマートだと思う。

人増えてきましたね

……

ん

え…?

はぐれないために

手繋ごうか

え!?

こーゆーとこスマートすぎる~!!

I think that he is cool.

(私は彼はスマートだと思う)

90 It is…to~.

□

～することは…だ

It is hard to walk fast in a yukata.

▷浴衣で早く歩くことは困難だ。

わ…
わ…
わ〜〜〜〜!!!
どうしよう
嬉しい…けど
ドキ
ドキ
意識すればするほど汗が〜

ちょこ
ちょこ。。
それとちょっと歩くの早いかも…
浴衣歩きづらい〜

ごめん
歩きづらいよな
ゆっくり歩くよ
気づいてくれた
きゅん♡

It is hard to walk fast in a yukata.

(浴衣で早く歩くことは困難だ)

STEP
1
91

work at~

□ ～で働く，～に勤めている

His friend works at a stall.

▷彼の友達は出店で働いている。

俺の友達が射的の屋台で働いてるから行っていい？

はい

友達の前でも手繋いだままなのかな…？

ドキ

ドキ

Hi Jim!

!

外国人の友達!?

His friend <u>works at</u> a stall.

（<u>彼の友達は出店で働いている</u>）

Hi Rui!

92 I'd like~.

STEP 1

□ ~がほしいのですが

I'd like some bullets.

▷いくつか弾丸がほしいのですが。

Would you try?
(やるかい?)
えっと…
え
I'd like some bullets...
(弾丸をください)
で合ってるかな…?
注文するときはこの言い方だったはず…
あはははは
なんか悪の取引みたいだな
あと…
日本語で大丈夫だぜ!
日本語ペラペラっす
ぐっ
ええ!?
恥…
I'd like some bullets.
(弾丸がほしいのですが)

STEP
1
93

I hope that~.

~だといいと思う

I hope that you like it.

▷あなたがそれを気に入ってくれたらいいと思う。

パァーン
ビッ
ぽとっ

はい あげる
え!? いいんですか!?
なんか まりあに似てるって思ってさ
キャー
気に入ってくれると いいけど
←柴犬のマスコット

I hope that you like it.

(あなたがそれを気に入ってくれるといいと思う)

94 You're welcome.

STEP 1

□ どういたしまして

You're welcome.
▷どういたしまして。

先輩からの初プレゼントだ～

じ～ん

すっっごく嬉しいです!!
絶対大事にします!!

ありがとうございます

You're welcome.
(どういたしまして)
You're welcome.
(どういたしまして)
嬉しい嬉しい
やっぱ似てるな
なでなで

STEP
1

95 this morning

□ 今朝

I made cupcakes this morning.

▷私は今朝カップケーキを作った。

あの…
私からも
プレゼントが…

ごそ
ごそ

お誕生日
おめでとうございます

これ
カップケーキ?

はい
たいしたものじゃ
ないんですけど…

いろいろ悩んだけど
安直だったかな…

俺のために
作ってくれたんでしょ

すげー
嬉しいよ
ありがとな

I made cupcakes
this morning.

（私は今朝カップケーキを作った）

96 I hear that~.

STEP 1

~だそうだ

I hear that giving cupcakes has a special meaning.

▷カップケーキを送ることは、特別な意味があるのだそうだ。

そうそう 知ってる？

？

カップケーキを送るのって

“あなたは特別な人です”って意味らしいよ

バレンタインに渡したらだけど

!!

I hear that giving cupcakes has a special meaning.

（カップケーキを送ることは特別な意味があるのだそうだ）

えっ
あの…
それはっ…
あわあわ
知らなかったけど合ってるから否定できない

STEP 1

97 be good at~

□

~が得意だ，~がじょうずだ

I am good at drawing pictures.

▷私はイラストを描くことが得意だ。

あれ

カップケーキの袋に他にも何か…

あ

手紙？

ルイ先輩へ

英語で書いてみたんです…
間違いだらけかもですが・・・

ほんとだ

間違いもかわいいな

あと…

もう1枚ある…

私 イラスト描くの得意なので

先輩の似顔絵を…

うま!!

だいぶキラキラしてるけど

ルイ先輩 HAPPY BIRTHDAY

これ

I **am good at** drawing pictures.

（私はイラストを描くことが得意だ）

98 go out

□ **外出する，外に出る**

We went out of the festival site.

▷私たちはお祭り会場から外に出た。

こんな
スゲーうまい似顔絵
予想外すぎるよ
ありがとな
きゅ～ん
まりあは
俺を楽しませる
天才だな
はーー
ドキンッ

もう少し落ち着いて
花火見れるとこに
行こうか
はっ
はい

We **went out** of the festival site.

（私たちはお祭り会場から外に出た）

STEP
1

99 arrive at~ / arrive in~

□ ～に着く

We arrived at the park.

▷私たちは公園に着いた。

ここ
花火 少し
木に隠れるけど
人 少なくて
いいでしょ
友だちが教えてくれた

はい…
ドキ
ドキ
ドキ
でも 2人きりなの
すごく意識しちゃう…

嬉しいのと緊張で
いっぱいいっぱいだよ~
ドキ
ドキ

We <u>arrived at</u> the park.

（私たちは公園<u>に着いた</u>）

100 thanks to~

STEP 1

□ ～のおかげで

Thanks to you, every day is fun.

▷あなたのおかげで、私は毎日が楽しいです。

まりあ
は はい
まりあのおかげで毎日が楽しいよ
好きだよ
まりあのこと
ドキッ
俺と付き合ってくれる?
ドォン
Thanks to you, every day is fun.
(あなたのおかげで私は毎日が楽しいです)

Munekyun
300 English phrases

STEP 2

初級レベルのフレーズ100

ここを乗り越えれば、実力十分！

コツッ

101 begin to…, begin…ing

□ **…し始める**

Just then, fireworks began to be set off in the sky.

▷ちょうどその時、花火が上がりはじめた。

Just then, fireworks **began to** be set off in the sky.

（ちょうどその時
花火が上がりはじめた）

ぶおっ
いま
"好き"って
言った…!?

102 be surprised to~

☐ **~して驚く**

I was surprised to hear what he said.

▷私は彼の言葉を聞いて驚いた。

ま… 待って

聞き間違いかも!?

花火の音もあったし

パニック

あの…

その

す… 好きって聞こえてしまったのですが…

うん

好きだよ

I was surprised to hear what he said.

(私は彼の言葉を聞いて驚いた)

う…
うそ……

Here you are. / Here it is.

STEP 2

□ はい、どうぞ

Here you are.
▷はい、どうぞ。

わ
私は
先輩に出会ったときから
先輩に恋してますっ

うん
知ってる

私っ…

大丈夫か!?

何か飲み物
買ってくるよ
何にする?

すみません
水を…

何やってんの
私~~~!!

こんな大事な
場面で~

Here you are.
(はい、どうぞ)

ありがとう
ございます

穴があったら入りたい…

Here you are.

(はい、どうぞ)

STEP 2

104 enjoy…ing

…のを楽しむ

We enjoyed watching fireworks.

▷私たちは花火を見るのを楽しんだ。

落ち着いたか？
はい…
花火 キレイだな

はい…
夢じゃないんだ…

頭は真っ白で なんだか泣きそうで

ドキドキが止まらなかった

We enjoyed watching fireworks.

（私たちは花火を見るのを楽しんだ）

105 as soon as~

STEP 2

□ ～するとすぐに

I called my friend as soon as I got home.

▷私は家に帰るとすぐに友達に電話した。

ただいまー
まりあ
おかえり…
あら？

ハァ
ハァ
もう部屋行ったのかしら

みーちゃん
発信中…
♪♫♩♪

まりあ～！
お祭りどうだった!?
みーちゃん！
私…

先輩と付き合うことになった
え――!?

I called my friend
as soon as I got home.

(私は家に帰るとすぐに友達に電話した)

106 at that time

□ **そのとき，当時**

I was watching fireworks with him at that time.

▷私はその時彼と花火を見ていた。

うそーー!!
私も全然実感ないよ〜…
私気になって
ちょっと前にライン送っちゃったけど邪魔しなかった?
ポチ
え
気づかなかったや
あ
はほんとだライン来てる

このときちょうど
先輩と花火見てたときだ
いっぱいいっぱいで全然気づかなかった…

ノロケだー!
これがノロケ…!
はじめてのノロケ!!
キャーー

I was watching fireworks with him **at that time**.

(私はそのとき彼と花火を見ていた)

107 by the way

□ **ところで**

By the way, have you finished your homework yet?

▷ところで、あなたはもう宿題を終えましたか？

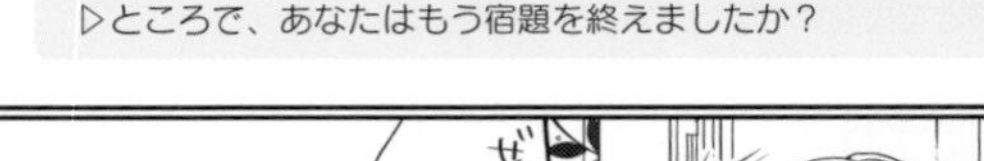

STEP 2

あ
ところでさ
まりあ 夏休みの宿題 もう終わった？
え
高校の宿題って 多くない？
ギクッ
ぜ
全然やってない…
夏祭りのことで 頭いっぱいで…

ダメじゃん〜！
まりあは 夏休みデート満喫する ためにも 早く終わらせなきゃ！
ハッ
そっか!!

いつもみたいに ギリギリだと デート楽しめないよ！
…はい

By the way,
have you finished your homework yet?

（ところで、あなたはもう宿題を終えましたか？）

108 do my homework

□ 宿題をする

I have to do my homework.

▷私は宿題をしなければならない。

さっそく宿題とりかかるよ！
今日のことまた明日詳しく教えてね
うん またね～！
よし！
バサ

ルイ先輩との夏休みデートのために
宿題早めに終わらせるぞ！
ズラッ
英語 基礎問題集
短期集中 数Ⅰ・A
問題集

I have to do my homework.

（私は宿題をしなければならない）

やる気しかない!!
うおぉぉおぉ
ガリ
ガリ

109 go…ing

□ …に行く

I'll go shopping tommorow.

▷私は明日、買い物に行く予定だ。

ルイ先輩

今度
1日デートに行こうか

行きたいところと
行ける日 教えて

!!!
付き合って
初めてのデートだ!!

ヤバい!
水族館!?
映画!? 遊園地!?
パンケーキ!?
キャー
キャー
プール…は
まだ早いかな!?
ダイエットも
しときたいし

ひとまず明日
デート服
買いに行かなきゃ!

I'll go shopping tommorow.

(私は明日
買い物に行く予定だ)

STEP 2

110 many times

□ **何回も**

I read his message many times.

▷私は彼のメッセージを何回も読んだ。

ごはん中はスマホやめなさい
ちらっ
シャコ
シャコ
ごろんっ

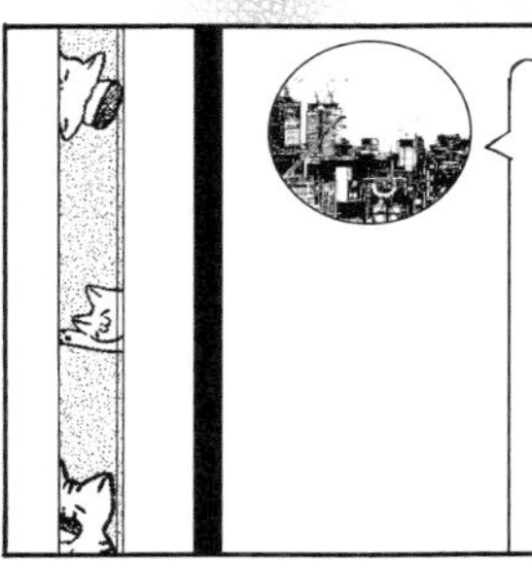

今度
1日デートに行こうか

行きたいところと
行ける日 教えて

I read his message
many times.

(私は彼のメッセージを
何回も読んだ)

何回見ても
キュンキュンする〜
付き合うってすごい!!
きゅん
きゅん

111 Would you like~?

STEP 2

□ ～はいかがですか

Would you like this pink dress?
▷このピンクのドレスはいかがですか？

いらっしゃいませ
何かお探しですか？
うーん
このワンピース
可愛いなって
思ったんですけど
私が着ると
子供っぽく
なりそうで…

でしたら
このピンクの
ドレスはいかがですか？
形は同じですが
色合いがシックなので
髪型や小物で
落ち着いた雰囲気に
なりますよ

着てみます！
ありがとう
ございます

Would you like this pink dress?

（このピンクのドレスは
いかがですか？）

STEP 2

112 finish…ing

□ …し終える

I finished writing a book report.

▷私は読書感想文を書き終えた。

ルイ先輩
今度
1日デートに行
行きたいところ
行ける日 教え
決めきれなくて
待ってもらったけど
やっぱり…
ポチ ポチ
先輩が行きたいところに
行きたいです
日にちはいつでも
大丈夫です
ポンッ
よし！
いつでも
大丈夫って言ったし
いつも残しちゃう
読書感想文
終わらせちゃお！
ぼふんっ
終わったー！
こんな早く終わったの
はじめて～
I finished writing
a book report.
（私は読書感想文を書き終えた）

113 That's right.

STEP 2

□ その通りです

That's right.
▷その通りです。

先輩!
待ちましたか?
いや 全然
家 隣なのに 現地で待ち合わせたいって 言うから
何かと思ったら
いまのやりとり したかったんでしょ
その通りです～
キャー
憧れの デート シチュ～
でも 待つ方って 逆なんじゃ…?
まぁ いいけど

That's right.

(その通りです)

STEP 2

114 at first

□ **最初は**

At first, I didn't think I would go on a date with him.

▷最初は、私は彼とデートすると思っていなかった。

キャー
おまけのデートじゃなくてほんとのデートだー！
まさか待ち合わせに憧れがあるとはな〜
なんか先輩がますますかっこよく見える…！
ドキ
ドキドキ
ほんとまりあって考えることおもしろいよね
最初英語ダメダメでデートなんて夢のまた夢だと思ってたもん…

At first,
I didn't think I would go on a date with him.

（最初は、私は彼とデートすると思っていなかった）

まだ夢見心地だけど
ぽーー…
話聞いてる？
またアホの顔して

115 look like~

STEP 2

□ ～のように見える，～に似ている

That jellyfish looks like an octopus.

▷あのクラゲはタコのように見える。

先輩 見てください あのクラゲ タコみたい！
あぁ ナンヨウタコクラゲだな
へー！ 詳しい！

今日 水族館なのって好きだからですか？
いや…

まりあがかわいい格好してくる気がしたから
ゆっくりまわれるトコがいいと思って
え

ははっ
アカクラゲと同じくらいまっ赤だ
かーー…
アカクラゲ

That jellyfish <u>looks like</u> an octopus.

（あのクラゲはタコ<u>のように見える</u>）

STEP 2

116 stop…ing

…ことをやめる

We stopped talking.

▷私たちは話すことをやめた。

先輩ってサラッと甘いこと言いますよね
ぽぽぽぽぽ
まりあの反応見るの楽しいしね
!
恥ずかしがってるの楽しんでる!? ある意味いじわる!?
はわ
はわ
ドキ
でも恥ずかしいけど嬉しいって…
私ってMなのかも…
へ——
嬉しいんだ?
あ
声に出てたっ…
……
…えむ?
こらっユウちゃん勝手に行っちゃダメでしょ
すみませ〜ん
……
えむ…
We stopped talking.
(私たちは話すことをやめた)

117 Shall I~?

STEP 2

□ ～しましょうか

Shall I take a picture for you?

▷写真を撮りましょうか？

先輩
シロイルカが輪っか作ってますよ
たっ
ほんとだ
バブルリングね
写真撮りましょ！
あれ
画面に入りきらない
俺が撮ろうか？
俺でも入らないな
え～～～
シャッターチャンスなのに～
私が撮りましょうか？
！
お願いします！
STAFF
Shall I take a picture for you?
（写真を撮りましょうか？）

STEP 2

118 for the first time

□ 初めて

I heard a dolphin's cry for the first time.

▷私は初めてイルカの鳴き声を聞いた。

すごくいい写真撮れた〜
よかったな
俺にも送っておいて
はい!
!
ピューイ ピューイ
シロイルカの鳴き声初めて聞いた!
かわい〜
ハッ
さっきから私1人でハシャいでてすごく子供っぽくない!?

I heard a dolphin's cry for the first time.
(私 初めてイルカの鳴き声を聞きました)
え!?
急にどうした!?

もっと大人っぽくてかっこいい感じが理想のデートなのに〜
先輩との理想のデート
(英語)
(英語)
時々英語まじりで会話する
(なんかかっこいいから)

I heard a dolphin's cry **for the first time.**

(私は初めてイルカの鳴き声を聞いた)

コホンっ

119 on the internet

☐ **インターネットで**

I looked up the aquarium on the internet.

▷私はインターネットでこの水族館を調べた。

あの…
ん？
もじ
もじ
ネットで
この水族館 調べたとき
行きたいなって思った
エリアがあるんですが…
もしかして
深海エリアの
カップルシート？
はい

ふっ
そーゆーところはしっかり
チェックしてるんだ？
かぁ…

それは
だって…
冗談だよ
行こうか

I looked up the aquarium **on the internet.**

（私はインターネットで
この水族館を調べた）

STEP 2

120 stand up

□ 立ち上がる，起立する

They have just stood up to leave.

▷彼らはちょうど出るために立ち上がった。

残念だけど
満席みたいだな
がーん

しょうがない
また次 来たときに
しようか
!
次!?

ドキ
そっか
付き合ってるんだもん
"次"が
あるんだ…
ドキ
そろそろ
行くか
うん♥

空いたけど
どうする?
行きます!
でも また
来ましょうね!
はいはい

They have just **stood up** to leave.

(彼らはちょうど出るために立ち上がった)

121 between A and B

□ **AとBの間に（を，の）**

There is a time difference between Tokyo and New York.

▷東京とニューヨークの間には、時差があります。

ひゃ〜〜〜
カップルシートー!!
ドキ
ドキ
近すぎる〜
太ももくっついちゃうよ〜
まりあ
はいっ

いま言うのも
なんだけど
俺 明日から
夏休みいっぱい
ニューヨーク行くんだ
父方の実家
え…!?

There is a time difference **between** Tokyo **and** NewYork.

（東京とニューヨークの間には時差があります）

けっこう
時差あるから
あんまり連絡
とれないと思う
ごめんな
え〜〜〜!!?

STEP 2

122 ask…to~

…に～するように頼む

I asked him to call me.

▷私は彼に電話するように頼んだ。

ニューヨーク!? そんなっ…
あのっ 時差ってどれくらい…
13時間だな
13時間!?
こっちが昼でも向こうじゃ夜中だし
電話は厳しいな
がーん
私は真夜中でも早朝でも全然へーきなんで電話してくださいー!!
お願いしますー
でもなぁ…
I asked him to call me.
(私は彼に電話するように頼んだ)

123 take a picture

STEP 2

□ **写真を撮る**

Let's take a picture together.
▷いっしょに写真を撮ろう。

悪いな雰囲気壊して
そんな顔するなって
しょぼっ
ほら
気を取り直して写真でも撮るか？
こーゆーとこでも撮りたいんじゃないか？
!
Let's take a picture together !
（いっしょに写真撮ろうよ）
スチャッ
ちゃっかりポーズとってもらった
カシャ

Let's **take a picture** together.

（いっしょに写真を撮ろう）

STEP
2

124 like to…, like…ing

□ **…することが好きだ**

I like chatting.

▷私はおしゃべりすることが好きだ。

機嫌直ったか？
でも 電話はくださいね？
う〜ん…

私 お喋りするの好きなんで
ほんと 深夜でも早朝でも全然へーキです！

この前なんて 友だちと 先輩について 夜通し お喋りして…
へー…
ひと晩中も 俺について どんなこと話したの？
あ
ルイ先輩 かっこよすぎる すべてに 胸キュン 好きが 止まらないよー

な 内緒です…
か〜

I like chatting.
(I like to chat.)

(私はおしゃべりすることが好きだ)

125
put…in~

☐

…を～に入れる

I put the comic book in my bag.

▷私はマンガをかばんに入れた。

あ
そうそう
向こう行く前に
返そうと
思ってたんだ

いつも貸してくれて
ありがとな

少女マンガって
おもしろいんだな

イメージ
変わった

！

恋君
カラフル

特に
この7巻は

主人公の思いが
届くところが
神回ですよね！

先輩とマンガ語り
できるなんて…！

ほく
ほく

嬉し～♡

そこ　ちょっと
泣きそうになった
！
泣きそうになってる
先輩が見たい！

I put the comic book
in my bag.

（私はマンガをかばんに入れた）

126 come and~

~しに来る

Do you want to come and watch the DVD?

▷ DVDを観に来ない？

そのマンガアニメになってるんだな
調べた
そうなんです！
DVD特典に番外編のアニメもあるんですよね
でも私マンガでいつもお金使っちゃうんで買えてなくて…
俺DVD買ったよ
ニューヨークから帰ってきたら観に来る？
え!?
それって先輩の部屋!?
い
行きまふ!!
慌てすぎ
噛んでるし

Do you want to
come and watch the DVD?

（DVDを観に来ない？）

STEP 2

127 the way to~

□ ～へ行く道，（the way to 動詞の原形で）～する方法

I showed a woman the way to the train station in English.

▷私は女性に、駅へ行く道を英語で話した。

ニューヨークにも
そのうち一緒に行きたいな
え…!?
ドキッ
この前英語で道案内できてたし現地でもけっこう話せるかもな
本格的な英語は全然…
でも先輩が私に英語を使うとき
ゆっくり話してくれてるって気づいたんです…

I showed a woman **the way to the train station** in English.

（私は女性に
駅へ行く道を英語で話した）

128 keep…ing

□ …し続ける

I decided to keep studying English.

▷私は英語を勉強し続けることに決めた。

だから もっと英語の勉強して

先輩が本格的に話しても分かるようになるのが目標なんです

そうなれたら

ニューヨーク案内してくださいね

コツンッ

ああ

約束な

！

I decided to
keep studying English.

（私は英語を
勉強し続けることに決めた）

カチン
コチン
わ〜〜
♪

129 stay with~

STEP 2

□ **～の家に泊まる**

My friend stayed with me tonight.

▷今日は友だちが私の家に泊まりに来た。

キャー!!
カップルシートでおでこコツン!?
なにそれ!? フツーにカップルじゃん!
でしょでしょ～!
で…
で?

キ
キスはしたの?
!
ま
まだだよ!!
早すぎでしょ!
ぼぼぼぼ
そっか

今日は泊まりだしたっぷりノロケ聞くからね～!
たのしー!!
キャー

My friend **stayed with** me tonight.

(今日は友だちが私の家に泊まりに来た)

130 the number of~

□ **~の数**

The number of comic books is increasing.

▷マンガの数が増えている。

夏休みのお泊まりは
毎年宿題とマンガ読む
合宿みたいな感じだったのに
今年は恋バナ
するとはね~
去年の私らに言っても信じないぞ~
あ
でもマンガは
読も~
今日おススメしようと
思ってた
マンガが何冊か…
あれ!?
なんかマンガの数
すごい増えてない!?
あ
うん
入りきってない
先輩にマンガ
貸すようになって
さらに買うように
なっちゃって…
てれ てれ
だっていっぱい貸したいし!
読んでほしい
The number of comic books
is increasing.
(マンガの数が増えている)

131 walk to~

□ **～へ歩いていく**

We walked to the convenience store.
▷私たちはコンビニへ歩いて行った。

まったり
マンガタイム
あー
このマンガ読むと
お腹すく～
メシテロ～
じゃあ
コンビニに
夜食用のお菓子
買いに行く?
いいね!

新作のやつで
食べたいのあったん
だよね～
パウンドケーキのやつ
でもあれ
カロリーやばそう
じゃない?

歩いて行ってるし
カロリーゼロでしょ!
カロリーゼロ理論
たしかに!
今日はいっか

We walked to
the convenience store.

(私たちは
コンビニへ歩いて行った)

next to~

~のとなりに

He lives next to me.

▷彼は私の家の隣に住んでいる。

お泊まりサイコー❤
あ〜ん

ね 水族館デートの写真見せて〜
いいよ〜
むしろ見て!

改めて見ても先輩かっこいいね
ひゃ〜
でしょ!!

前は先輩のこと覗ける〜❤とか思ってたけど こっちも見られると思ったらカーテン開けられなくなっちゃった
ぜいたくな悩みだけど
覗きはやめなさい

こんな人が隣に住んでるって なんか逆に緊張するかも
気をぬけなそう…
そうなの!

He lives **next to** me.

(彼は私の家の隣に住んでいる)

STEP 2

133 like~(the)best

～がいちばん好きだ

I like summer the best of all the seasons.

▷私は季節の中で夏がいちばん好きだ。

ほんと ここ最近のまりぁ 怒涛過ぎて 話聞くたびに驚く～

私もまだ 夢かもって思うもん

この夏なんて お祭りデートに告白に 水族館デートだもんね

うらやまし～。

私 季節の中で 夏が1番好きだわ!!

先輩の誕生日もあるし

単純な奴～!

I **like** summer **the best** of all the seasons.

(私は季節の中で夏がいちばん好きだ)

夜テンション
夏サイコー! 夏大好き!!
笑

STEP 2

134 be kind to~

□ ～に親切である，～に親切にする

She is always kind to me.

▷彼女はいつも私に親切だ。

でも
せっかく宿題頑張ったのに
先輩ニューヨークかぁ
そうなの…
さみし～
いろいろ指南書持ってきたの
She's
でね
この機会に魅力アップするのはどうよって思って…
？
ゴソ
ゴソ

みーちゃん♥
なんていい人なの
一緒に魅力アップがんばろ！
私も好きな人いるし
うん!!

She is always **kind to** me.

（彼女はいつも私に親切だ）

135 go into~

STEP 2

□ ～に入る

I went into my room in a hurry.
▷私は急いで自分の部屋に入った。

ふ～
♪
!
まりあ そろそろ夕飯だから片付けてね
はーい
ヨガ中
魅力アップ・・・
え!? 先輩!?
ルイ先輩
着信中
も もしもし!?
お まりあの声久々だな
先輩だぁ
ドキ ドキ
ダダダダダ
バタ
I went into my room in a hurry.
(私は急いで自分の部屋に入った)

136 put on~

□

~を身につける

He puts on sunglasses when he goes out.

▷彼は外出するとき、サングラスを身につける。

そっち いま何時ですか?
朝の7時
え~
私が深夜でも早朝でもいいのであって先輩にムリしてほしくないです~
それ俺もまりあに思ってるから
!

でも声聞けてよかった
わー
あ えっと

こっちは日本より日差しが強いからサングラスして外出てるよ
え!?
先輩のサングラス姿見たい!
絶対似合うっ

そっちはどうですか!?

照れてるの見れないの残念だな

はっ

あわあわ

He **puts on** sunglasses when he goes out.

(彼は外出するとき
サングラスを身につける)

137 May I help you?

□ 何かお探しですか

May I help you?
▷何かお探しですか。

先輩どんなサングラスしてるんだろ
じーーー…
こーゆーのかな?
こっちかな?
結局写真送ってくれなかったもんなぁ 残念
サングラスかけてる写真送ってください〜
ヤだよ 恥ずいじゃん
えーっ
何かお探しですか?
あ いえ…
staff
May I help you?
(何かお探しですか)

STEP 2

138 be famous for~

□ ～で有名である

New York is famous for the Statue of Liberty.

▷ニューヨークは、自由の女神像で有名である。

つい
ルイ先輩の
妄想しちゃう～
ぽぽぽぽ
禁断症状だ～

ルイ先輩
ぽや～…。。
今日は
ニューヨークで
何してるのかな？

ニューヨークって
何があるんだっけ
えーっと…

…
…

ニューヨークって
自由の女神像があることしか
分かんない～
さすがに
自由の女神像が
あるのは分かる
妄想できない～

??
いままで海外に
それほど興味なかった
から分からない

New York **is famous for**
the Statue of Liberty.

（ニューヨークは
自由の女神像で有名である）

139 on…way to~

□ ～へ行く途中で

I bought a small chair on my way to the bookstore.

▷私は本屋へ行く途中で、小さい椅子を買った。

本屋で新刊買うつもりだったけど
ニューヨークのガイド本も買おうかなぁ
ぬいぐるみ用 イス 20%OFF

かわいい!!
ぬいぐるみ用
イス
20%OFF

I bought a small chair
on my way to the bookstore.

(私は本屋へ行く途中で
小さい椅子を買った)

ありがとーございました～
ほく
ほく
先輩がくれたぬいぐるみ乗せて写真送ろっと♪

STEP 2

140 look forward to~

□

～を楽しみに待つ

I'm looking forward to seeing him.

▷私は彼に会えるのを楽しみに待っている。

失くしたり汚したりするのヤダから部屋に置いてたけど
かわいく飾れてよかった♪

さっそく先輩に送ろ～…
あ
時差!!

いま向こうは朝の5時くらいかぁ
もうちょっとしてから送ろう

電話もラインも嬉しいけど
早く会って話したいな

I'm looking forward to seeing him.

（私は彼に会えるのを楽しみに待っている）

141
start to…, start…ing

STEP 2

□ …し始める

I started to study English.
▷私は英語の勉強をし始めた。

そうだ！
先輩が起きたって分かるまで英語の勉強しよ
ぽむっ

先輩が本格的に話しても分かるようになるって宣言したし
頑張るぞ！

そしたら先輩とニューヨーク…
もゎ〜ん

今日からはリスニングにも力入れるぞー！
DISK 1
音声CD
超基礎編
CD付
英語リスニングレベル別問題集

っと妄想してる場合じゃない

I **started to** study English.
(I **started** **studying** English.)

(私は英語の勉強をし始めた)

142 ~and so on

□ ~など

I like cookies, potato chips, cakes, popcorn and so on.

▷私はクッキーやポテトチップス、ケーキ、ポップコーンなどが好きだ。

ピロン
ライン：新着
ルイ先輩

ルイ先輩

お土産買って帰るよ。
まりあはお菓子だと
甘いのとスナック系
どっちが好き？

ぱぁ
お土産！

えっと…
私はクッキーも
ポテチもケーキも
ポップコーンも大好きです！
っと…

もうすぐ
先輩に会える…！
きゅ〜ん

I like cookies, potato chips, cakes, popcorn **and so on**.

（私はクッキーやポテトチップス、ケーキ、ポップコーンなどが好きだ）

143 speak to~

□ ～に話しかける，～と話す

His father spoke to me in English.

▷彼の父親が英語で私に話しかけた。

やっと先輩に会える！
ドキ
ドキ
ポン
！
先ぱ…
Hi!
ペラ
ペラ
あれ!?先輩のお父さん!?
英語早口すぎて分かんない～
ごめん
うっかりまりあのこと言ったら話したいって聞かなくて…
父さん！
え!?親公認!?
ドキンッ
His father spoke to me in English.
（彼の父親が英語で私に話しかけた）

STEP 2

144 both A and B

□ AもBも両方とも

I want both chocolate and the comic book.

▷私はチョコもマンガも両方とも欲しい。

お土産 帰ってから渡すな

さっきはごめんな

はい！

ありがとうございます。

NYチョコレートと英訳の「恋君」のコミックスなんだけど

どっちがいい？

え!? どっちか!?

そんな〜〜

先輩が私に選んでくれたのなら

どっちも欲しいです…

もちろん どっちもあげるよ
!
いじわる〜

I want **both**
chocolate **and** the comic book.

(私はチョコもマンガも
両方とも欲しい)

145 hear about~

STEP 2

□ ～について聞く

I'm glad to hear about his life in New York.

▷私は、彼のニューヨークでの生活について聞けて嬉しい。

私ニューヨークって自由の女神像しか知りませんでした
まぁ有名だからな
でも昔何回か行っただけだな
俺はだいたいセントラルパーク行くから

行けば誰かしらいるから
バスケしたりスケボーしたり
あと父親がミュージカル好きだからブロードウェイ付き合わされたり…

っとごめん俺ばっか話して
いえ！

I'm glad to **hear about** his life in New York.

(私は、彼のニューヨークでの生活について聞けて嬉しい)

先輩のニューヨークでの生活を聞けて嬉しいです！
これで妄想できます
妄想？

STEP 2

146 do one's best

□ **全力をつくす，最善を尽くす**

I'll do my best to go to New York with him.

▷私は彼とニューヨークに行くために、全力を尽くすつもりだ。

えっと
セントラルパークとブロードウェイ…

私ニューヨークのガイド本買ったんで
見てみますね

ぶにっ
!?

俺が案内するんだからあんま本で詳しくなるなよ
!
ひゃい！（はい！）

まぁいつになるやらだけどな
全力で頑張ります!!

I'll **do my best**
to go to New York with him.

（私は彼とニューヨークに
行くために、全力を尽くすつもりだ）

147 sit down

STEP 2

□ すわる，着席する

When I was about to sit down, I passed out.

▷私は座ろうとしたとき、気を失った。

久々に生の先輩と話したからクラっとする～
だってほっぺぷにって…
はいはいごちそーさま
うらやまし～
キーンコーンカーンコーン…
ガラッ
席つけ～
先生だ
クラッ
ガタッ
あれ？
何だろ…
ほんとにクラクラする…
まりあ!?

When I was about to **sit down**, I passed out.

(私は座ろうとしたとき気を失った)

STEP 2

148 without…ing

□ …しないで

I came to school without eating breakfast.

▷私は朝食を食べないで学校に来た。

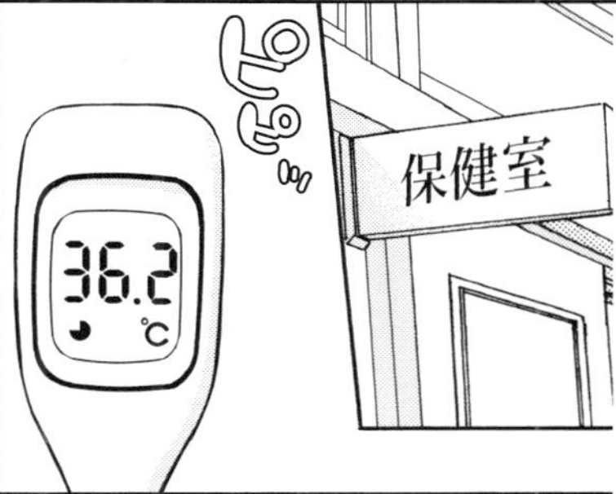
ピピピッ
保健室
36.2 ℃

熱はないから貧血かしらね
あ

たぶん
朝ご飯食べなかったからだと思います…

今朝
髪ハネ直んない～
わ
もうこんな時間!?
まりあ朝ご飯は!?
食べる時間ない～

久々に先輩に会うから朝シャンしたり髪ハネ気にしてたら食べそびれたんだった

I came to school **without eating** breakfast.

(私は朝食を食べないで学校に来た)

149 get well / get better

□ **よくなる**

If you get some rest, you will get well soon.

▷少し休めば、あなたはすぐによくなるでしょう。

育ち盛りなんだから
そりゃ朝ごはん食べなきゃ貧血になるわよ！
すみません～
なら少し休めばよくなるわね
お昼までまだあるけど
はい…
お腹すいて貧血とか
恥ずかし～
先輩が同クラじゃなくてよかった～
赤っ恥すぎる
スヤぁ
昨日あんまり寝れなかったし
ついでに寝ちゃお

If you get some rest,
you will **get well** soon.

（少し休めば
あなたはすぐに<u>よくなる</u>でしょう）

STEP 2

150 a kind of~

□ 一種の～

"Chexmix" is a kind of snack.

▷チェックスミックスは一種のスナック菓子です。

ぱち
おはよ
がばっ
え!? 先輩!?
朝ごはん食べなかったから倒れたんだって?
さっき保健の先生から聞いた
かーー
先生～!!
チェックスミックス?
いろんなスナック菓子が混じってるやつで
アメリカの昔なじみのお菓子ってとこだな
そんなまりあに特別に
Chexmixをあげよう
友だちへのお土産用
SNACKMIX
Chex mix

"Chexmix" is **a kind of** snack.

（チェックスミックスは一種のスナック菓子です）

STEP 2

~のために

I was absent from the class because of a fever.

▷私は熱のために授業を欠席した。

!
チェックスミックス おいしい!
カリッ
キーンコーン カーンコーン
ガタッ
じゃあ
また あとでな
数分後
顔赤いと思ったら 熱あるじゃない 次の授業も休みなさい
席外した数分で何が…?
プシュ〜
はふ はふ

I was absent from the class **because of** a fever.

（私は熱のために授業を欠席した）

STEP 2

155 these days

□ **このごろ，最近**

He is busy these days.

▷このごろ彼は忙しい。

しかも まりあ 今度先輩の家で DVD見る約束 してるんでしょ!?
進展がすごすぎる
うん でも しばらく ムリそうなんだよね
え? なんで?
先輩 文化祭の準備で 土・日も 忙しいみたいで…
夏休み手伝えなかったぶん 放課後・土・日も やるんだって
あー 上級生は文化祭 気合入ってるもんね
ウチら1年は 様子見で 簡単なやつだけど
このぜいたく者~
この この~
なんか 先延ばしになって
残念なような ホッとしたような…
だって心臓がもたない

He is busy **these days.**

（このごろ彼は忙しい）

156 this time

□ **今回は**

Can you come to my house this time?

▷今回は私の家に来てもらえる？

あのさ
じゃあ 今度の日曜 私に付き合ってくれないかな
うん いいよ～
今回は私の家に来てもらっていい？
うん
あのね 私…
告白しようと思ってるの
え!?
それって 前に言ってた 同じ塾の人!?
うん
だから いろいろ相談したくて
もちろんだよ!!

Can you come to my house **this time**?

(今回は私の家に来てもらえる？)

STEP 2

157 a piece of~

□ 1枚の～，1切れの～

She took out a piece of paper.

▷彼女は1枚の紙を取り出した。

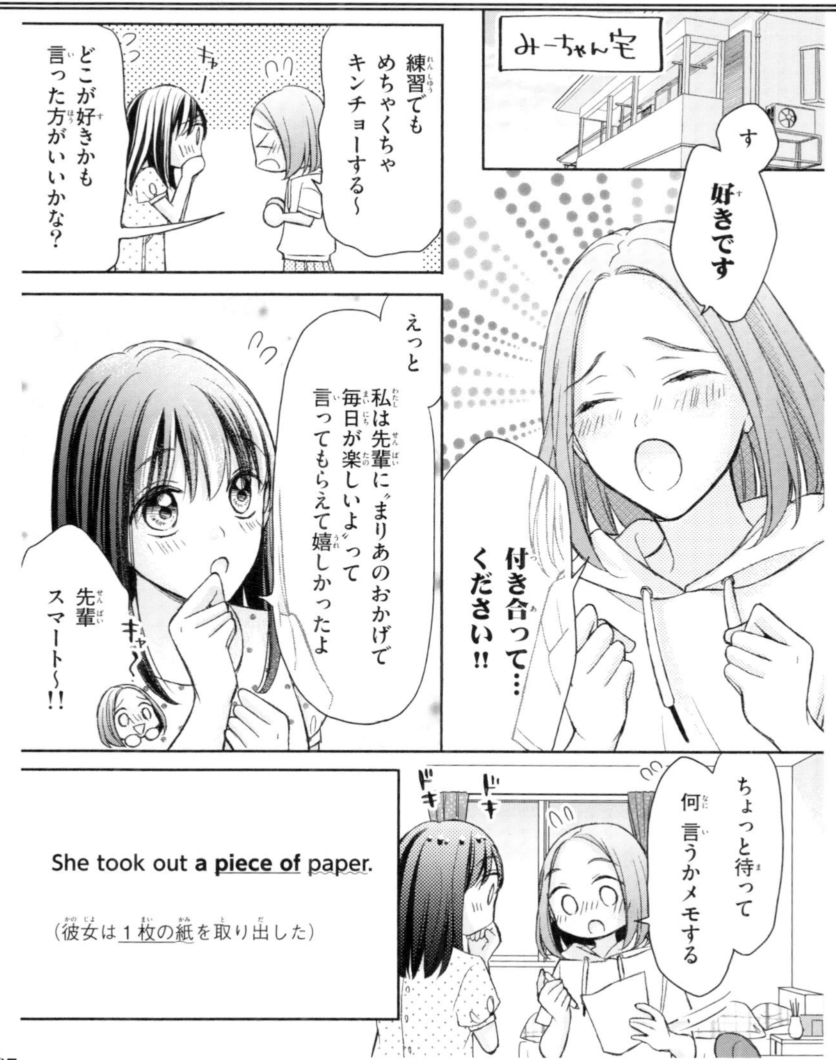

みーちゃん宅
す
好きです
付き合って…
くださいぃ!!
練習でも
めちゃくちゃ
キンチョーする～
キャー
どこが好きかも
言った方がいいかな?
えっと
私は先輩に"まりあのおかげで
毎日が楽しいよ"って
言ってもらえて嬉しかったよ
キャ～
先輩
スマート～!!
ちょっと待って
何言うかメモする
ドキ
ドキ

She took out a **piece of** paper.

(彼女は1枚の紙を取り出した)

158 have a party

□ パーティーを開く

If it goes well, we'll have a party.

▷もしうまくいったら、私たちはパーティーを開くつもりだ。

は〜…
もういまから
キンチョーしてきた
心臓出そう…
私も
キンチョーする〜
ドキ
ドキ
ドキ
まりあ見ててさ
付き合うっていいなって
思ったんだよね
この先
クリスマスもあるし
告白するなら
いまでしょ!って
もー勢い!
みーちゃん…
ガしっ
うまくいったら
パーティーしようね!
そうだね!
まりあの分も含めて
パーっとやろう!
If it goes well,
We'll have a party.
(うまくいったら
私たちはパーティーを
開くつもりだ)

STEP 2

159 go down~

~を降りる，下がる

She went down the steps.

▷彼女は階段を降りていった。

次の日

この階段の下の公園に呼び出してるから

うん ここで待ってるね

髪形変じゃない!?

うん 大丈夫

じゃ 行ってくるね

She **went down** the steps.

（彼女は階段を降りていった）

160 come true

□ 実現する

I hope her dream will come true.

▷彼女の夢が実現しますように。

頑張れ〜みーちゃん！
は〜ドキドキするぅ

好きな人と付き合うって
すごいことなんだよね

彼ね 生き物が好きなの
だから
もし付き合えたら 彼と動物園とか水族館に行くのがいまの私の夢なんだ

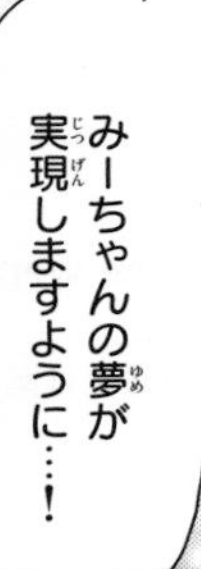
うまくいって
みーちゃんの夢が実現しますように…！

I hope her dream will <u>come true</u>.

（彼女の夢が<u>実現します</u>ように）

STEP 2
161

by～

□ ～（乗り物）で

We went home by bus.

▷私たちはバスで帰った。

OK（オーケー）だった

みーちゃん！
まりあ…

！

おめでとー！
ヤバい
泣きそう～
わぁ
ばっ

ぐったり
はー…
なんか一気に力抜けたぁ…
バスで帰ろっか
座って話せるし

We went home **by** bus.

（私たちはバスで帰った）

162 have a chance to~

STEP 2

□ ～する機会がある

I'll have a chance to see him at the school festival.

▷私は文化祭で彼と会う機会があるでしょう。

は〜〜〜…

なんか… どうしよ すっごいふわふわする〜

分かるよ…！

そのうち私に紹介してね！

塾の人だと私全然知らないから

あ

文化祭 来るって言ってたから そのとき紹介する！

私も早くまりあに紹介したい！

ほんとに!?

キャー

楽しみ〜

!!!!

なんか キンチョー するかも

“彼氏です”って 言うの 照れるよね

I'll **have a chance** to see him at the school festival.

(私は文化祭で彼と会う機会があるでしょう)

163 get off~

□ ~から降りる

I got off the bus.

▷私はバスから降りた。

はー…
みーちゃん ほんとよかったな~
また余韻がぬけない…
きゅんきゅん~
伊藤まりあ!!
~伊藤
ハッ
ボーっとしてないでここに入る英熟語を答えなさい!
get off / get out o
私はバスから降りた
I ( ) the bus

答えは
I "got off" the bus.です!
…正解
ぐぬぬ
おぉぉ

バスや電車から"降りる"は
"get off"で

車やタクシーから"降りる"は
"get out of"なので…

get off
get out of
TAXI
Car
こっちは"出る"とも言う

I **get off** the bus.

(私はバスから降りた)

164 a long time ago

□ **ずっと前に**

My parents had their first date at the zoo a long time ago.

▷私の両親はその動物園でずっと前にデートをした。

まりあ ほんと英語できるようになったよね
さっきすごいじゃん。
最近 リスニングの勉強してて全然ダメでヘコんでたから嬉しかった
それよりさ デートの約束ってもうした？
ドキドキ
うん
今度の日曜日動物園行く

いいね！
前に行きたいって言ってたもんね
うん
それに そこの動物園
私の両親が昔はじめてデートしたところなんだよね

えー！何それ！ステキすぎっ!!
ついに私もノロケちゃった♡

My parents had their first date at the zoo <u>a long time ago</u>.

（私の両親はその動物園で<u>ずっと前に</u>デートをした）

165 come in

入る

He told me to come in.

▷彼は私に入るように言った。

キーンコーンカーンコーン

ルイ先輩

頼みたいこと
あるんだけど
俺の教室
来てもらっていい？

みーちゃん見てて
先輩に会いたく
なってたから

嬉し～

たっ

2－A

先輩…

ガタッ

いま
俺1人だから
入っておいで

He told me to **come in**.

（彼は私に入るように言った）

166 help…with~

□ …の～を手伝う

Can you help me with my work?

▷私の仕事を手伝ってくれない？

上級生のクラス入るのってキンチョーする…

ドキ

ドキ

お邪魔しま〜す…

ドキ

ドキ

今日は文化祭の準備休みにしようってなってさ

最近根つめすぎだって

俺は これやっちゃおうと思って

ピラッ

?

クラスの喫茶店のビラ 1人3枚作ることになっててさ

おれ こーゆーの苦手だから まりあ手伝ってくれない？

!

おまかせください

先輩のお手伝い〜❤

Can you **help** me with my work?

（私の仕事を手伝ってくれない？）

STEP 2

167 be afraid of~

□ ~をこわがる，~をおそれる

She is afraid of rats.

▷彼女はネズミを怖がっている。

先輩 こんな感じで…
カサッ
2-A レトロ喫茶
カキ
カキ
真剣
カキ
カキ
カサ？
？
チュー
!!
ネズミー!! イヤ～～ 怖い～～!!
ピャッ
え？ まりあ ネズミ怖いの？

She **is afraid of** rats.

（彼女はネズミを怖がっている）

168 since then

☐ **そのとき以来**

I haven't liked rats since then.

▷私はその時以来ネズミが苦手だ。

私 子供の頃
お昼寝してるときにネズミに耳かじられたことがあって
がぶっ
ギャー
それ以来
ネズミ苦手なんです～
そんなドラ●もんみたいな…
ぽんっ
大丈夫
大丈夫
ぽんぽん
あ……

I haven't liked rats **since then**.

（私はその時以来ネズミが苦手だ）

STEP 2

169 be different from~

□ ～と異なる，～と違っている

American culture is different from **Japanese culture.**

▷アメリカの文化は、日本と異なる。

す
すみません
いきなり抱きついて

なんで？

ハグは大事なコミュニケーションだよ

アメリカンカルチャーすごすぎる
♪

American culture **is different from** Japanese culture.

（アメリカの文化は、日本と異なる）

170 walk around~

□ **～を歩き回る**

Let's hold hands and walk around the school.

▷手を繋いで学校を歩き回ろうよ。

文化祭一緒にまわろうな
！
はい！
手繋いで学校中歩く？
付き合ってますアピール

文化祭楽しみです！
ドキ
わくわく
まりあは感情が忙しいな

え!?
そ…それは恥ずかしい…けど
嬉しいかも
ドキドキ

Let's hold hands and
walk around the school.

(手を繋いで学校を歩き回ろうよ)

171 at last

□ **ついに，とうとう**

I finished my English workbooks at last.

▷ついに私は英語の問題集をやり終えた。

終わった〜！

ついに このシリーズの英語の問題集やり終わった…

シリーズ4冊…

じーん

学校の宿題でもないのに 我ながら偉すぎる…

おふふ♡

これは 先輩とのニューヨークも近いかも♥

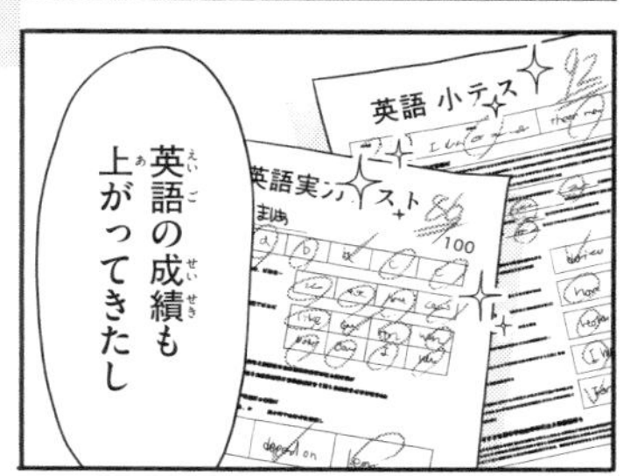
英語の成績も上がってきたし

I finished my English workbooks **at last**.

（ついに私は英語の問題集をやり終えた）

172 not very~

□

あまり～ではない，それほど～ない

I'm not very good at listening.

▷私はあまりリスニングが得意ではない。

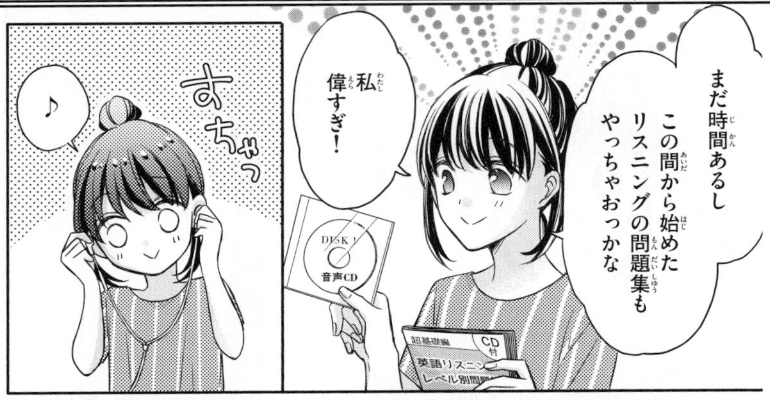
まだ時間あるし
この間から始めた
リスニングの問題集も
やっちゃおっかな
私
偉すぎ！
すちゃっ
♪
DISK 1
音声CD
超基礎編
CD付
英語リスニング
レベル別問題

…
…

…
…??

繋がる音とか
消える音があったりで
あんまり
聞き取れないよ～
リスニング
難し～

英語って
壁が何個かあるなぁ
やっぱり
先輩とのニューヨーク
遠いかも…
しゅん

I'm **not very** good at listening.

（私はあまりリスニングが得意ではない）

STEP 2

173 get on~

□ ～に乗る

I skipped and got on the bus.

▷私はスキップしてバスに乗った。

あら まりあ 出かけるの？
うん 文化祭近いし 美容院 行ってくる
そういえば 先輩って どんな髪形が 好きなんだろ
ポチ ポチ
聞いてみよ
ショートが好きなら 思いきって ショートにしちゃおっかな
ピロン
好きな子がしてる髪形が 1番好きかな
!!
これは直接 聞きたかったー!!
スクショ撮って 保存しとこ
♪
プシュー…
I skipped and got on the bus.
(私はスキップしてバスに乗った)

174 Would you~?

STEP 2

□ ～していただけますか

Would you tell me how to get off the bus?

▷バスの降り方を教えていただけますか？

少し切るだけにしようかな

デートのとき髪形アレンジしたいし

Excuse me.
（すみません）

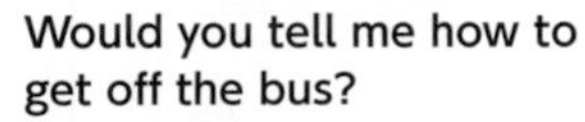

Would you tell me how to get off the bus?
（バスの降り方を教えていただけませんか）

!

えっと・・・

When you see your bus stop on the screen at the front,
（バスの前にある掲示板に降りたいバス停の名前がでたら、）

Pless the button.
（ボタンを押してください）

Thanks for your help.
（どうもありがとう）

Sure.
（どういたしまして）

Your English is good!
（あなたの英語いいわね）

Thanks!
（ありがとう）

けっこうリスニングできた！

Would you tell me how to get off the bus?

（バスの降り方を教えていただけますか）

STEP 2
175

all day

一日中

I will be with him all day today.

▷今日は１日中彼と一緒にいられる。

文化祭当日
Welcome
S高祭
文化祭一緒にまわろうな
今日は1日先輩といられるんだ
きゃー

今日恋人つなぎできたらいいな
実はまだしてないんだよね
ドキ
ドキ

手繋いで学校中歩く？
付き合ってますアピール
ほんとにするのかな…
ドキ
ドキ
ドキ

I will be with him **all day** today.

（今日は１日中彼と一緒にいられる）

176 I think so, too.

STEP 2

□ 私もそう思います

I think so, too.
▷私もそう思います。

どこ行こうかな
まりぁ
先ぱ…
!!
宣伝になるから1日これ着てろってさ
2-A レトロ喫茶
クラスメイトに似合うって誉められたけどどう?
私もそう思います!

I think so, too.

(私もそう思います)

STEP 2

177 agree with~

～に同意する

We agreed with her.

▷私たちは彼女に同意した。

まりあのクラスはキャンディショップだっけ？
はい 1年だし そんなに大がかりにならないものにしようってなって…
文化祭なにやるー？
意見どんどん出して～
人気なのは抽選だしね～
文化祭 まわる方楽しみたい～
文化祭 出し物
ねぇキャンディとかは？
仕入れて売るだけだし可愛いし！
いいんじゃん
私も賛成～
売るだけなら簡単でいいね！
売り子もそんなに必要ないし
みんな文化祭回る方優先です
まぁ 1年のときはそんなもんだよな
We agreed with her.
（私たちは彼女に同意した）

178 have been to~

□ ～へ行ったことがある

I have been to the amusement park twice.

▷私は２回、その遊園地へ行ったことがある。

飲み食いはウチの喫茶店でするだろ？
はい！
じゃあお化け屋敷行かないか？
行きたい!!
え!?
2-Dがさすごい気合入れて作ってたから楽しみだったんだよな
先輩お化け屋敷好きなんですか？
なんかイキイキしてる
あぁ
私その遊園地に2回行ったことあるけどお化け屋敷は入ってないです～…
絶叫系は好きだけどホラーは苦手…
えーもったいない
すごいのに
お化け屋敷目的でフヂQに5回は行ってるくらい好き
ええ!?あの本物が出るって有名な遊園地ですよね!?

I **have been to** the amusment park twice.

（私は２回その遊園地へ行ったことがある）

STEP
2

179 over there

□

向こうに，あそこで

There is a ghost over there!

▷向こうにお化けがいる！

ギャーー!!
バーーン

イヤ〜!!
バッ
まりあは反応がいいいな
まりあがお客さんなら俺も驚かす側やりたいくらいだ
わーー!!
聞いてない

あ
ハァ
ハァ
楽しー
先輩！
あそこ！
向こうにお化けいますよ!!
あれ絶対そう。

ここにもいるよ
ギャー
ばー

There is a ghost <u>over there</u>!

（<u>向こうに</u>お化けがいる！）

180 on…right / on…left

□ …の右手に／…の左手に

You can see the exit on your right.

▷あなたの右手に出口が見えます。

出口まだですか!?
へっぴり腰
ほら まりあ 右手に出口見えてきたよ
出口
は〜… 怖かったぁ…
ガッチリ腕組み
まりあ スキンシップ慣れてきたね
え?

あ! これは怖くてっ!
パッ
なんで離すの?

言ったでしょ 手繋いで回ろうって
!

You can see the exit **on** your **right**.

（あなたの右手に出口が見えます）

181 Welcome to~

□ ~へようこそ

Welcome to our café.

▷私たちの喫茶店へようこそ。

2-A
レトロ喫茶
叫んだから喉乾いて
疲れたでしょ
そろそろ俺も時間だし
ウチのクラス行こうか
はい
Welcome to our café.
（俺たちの喫茶店へようこそ）
Welcome to our café.
（私たちの喫茶店へようこそ）

182 What kind of~?

□ **どんな種類の〜**

What kind of tea do you have?
▷どんな種類の紅茶がありますか。

紅茶とデザートのセットをお願いします
茶葉は何にしますか？
4種類ご用意してます
えっと
どんな種類の紅茶があるんですか？
ダージリン
アッサム
アールグレイ
セイロン
を用意してます

何となく聞いたことあるけど
よく知らない…

まりあは甘いミルクティーが好きでしょ
ならアッサムがおススメだよ
！
それでお願いします！

What kind of tea do you have?

（どんな種類の紅茶がありますか？）

STEP 2

187 May I speak to~?

□ (電話で) ~さんをお願いします

May I speak to Mr.Brown, please?

▷ブラウンさんをお願いします。

〝ルイどこにいるか知らない？〟
なんで!?
こ…告白するとかだったり!?

えっと
食品運びの手伝いしてくるって…
言ってました
あー…
入れ違いか～

ルイと英会話スクールのボランティア行くことになってるんだけど
そこから急ぎの連絡があってね
捜してるんだ
はぁ…
ちょっと電話していい？
…はい
?

Hello?
May I speak to Mr. Brown, please?
(もしもし
ブラウンさんをお願いします)
私はどうすれば…？

May I speak to Mr. Brown, please?

(ブラウンさんをお願いします)

188 tell…to~

STEP 2

□ …に～するように言う

Shall I tell him to call you back?

▷彼にあなたへ電話をかけ直すように言いましょうか？

Shall I tell him to call you back?
（彼にあなたへ電話をかけ直すように言いましょうか？）
OK
Have a nice day, bye.
（それではよい１日を）
英語話せるのいいなぁ…
うん 半分くらい聞きとれた！
リスニング力上がってる!!
ねぇ 一緒にお茶しない？
え!?
文化祭２人で回ってるんでしょ？
いーな～ 私 彼氏とは遠恋だからうらやまし～
え!?
あのさ ルイと付き合ってるんだよね？
は
ドキッ
はい… ごく…
Shall I tell him to call you back?
（彼にあなたへ電話をかけ直すように言いましょうか？）

STEP 2

189 on the phone

□ 電話で

I talk with him on the phone every day.

▷私は彼と毎日電話で話をする。

橋本先輩 彼氏いるんですか!?
うん ハワイに だけどね
えー!? 国際恋愛ですか!? すごい
うん だから遠恋なの
長期休みじゃないと会えないけど そのぶん彼と毎日電話してるよ
いまは無料アプリあるから便利だよねー
そう だったんだ
ホッ
私 橋本先輩がルイ先輩のこと好きだったらどうしようって思ってました
え!? そうだったの!?

I talk with him <u>on the phone</u> every day.

(私は彼と毎日<u>電話で</u>話をする)

190 take a bath

STEP 2

□ ふろに入る

I sometimes call him while taking a bath.

▷私はたまにお風呂に入りながら彼と電話をする。

余計な心配させて
ごめんね～
大丈夫
彼とは
ラブラブだから！
毎日 長電話
しちゃうから
たまにお風呂
入りながら
電話したりも
しちゃうくらいだし
半身浴に
なるしね
あの
ハワイとの時差って
どれくらいなんですか？
ハワイは
19時間だよ
えー!?
19時間!?
ルイは
ニューヨークだから
13時間だっけ？
そうなんです！
夏休み中
電話するタイミング
難しくて…
分かる！
記念日とか
向こうと1日
違くなるからさ～

I sometimes call him while **taking a bath**.

(私はたまにお風呂に入りながら彼と電話をする)

STEP 2

191 not…at all

少しも…ない

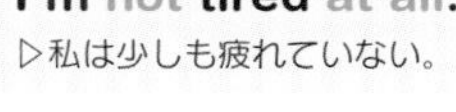

I'm not tired at all.

▷私は少しも疲れていない。

まりあ ごめんな 待たせて
いえ 橋本先輩と お喋りしてたら あっという間でした
あぁ さっき会ったよ 仲良くなったって 言ってたな
はい！
連絡先 交換しました！
2-A レトロ喫茶
書道部
ようこそ

アイツと話して 疲れてないか？
強引系のマイペースだから
全然！
2-A レトロ喫茶
茶道部 お茶会
そうか
よしよし
嬉しい!!
楽しい!!

少しも 疲れてないです

I'm **not** tired **at all**.

（私は少しも疲れていない）

192 Sounds good.

□

いいですね，よさそうですね

Sounds good.

▷いいですね。

どこ行く？
さっきは俺の行きたいとこ行ったから
まりあどっかある？
3-Aの謎解きゲームに行きたいです！
先輩も好きそう
Sounds good.
（いいね）
おもしろそう
じゃあ行こうか
はい！
2-A レトロ喫茶

Sounds good.

（いいですね）

STEP 2

193 I'm afraid that~.

□ (残念ながら) ~ではないかと思う

I'm afraid that the angel is telling a lie.

▷残念ながら、天使がウソをついているのではないかと思う。

3-A
謎解きゲーム
KEEP OUT
2つの扉
どちらかが正解
2人の門番は
片方が嘘つきで片方は正直者
私が正解だよ
俺が正解だ
質問できるのは1回のみです
質問1回か・・・
天使のほうが正直者っぽいけど…
う〜ん…
ちなみに私は
残念ながら天使が嘘つきだと思いますよ
ええ!?
先輩〜
ぴえん
私には難しすぎます〜
助けて〜
まりあは可愛いな
のめり込みタイプ
トゥンク…
え!?
可愛い…!?
イチャイチャしだした
はよ答えて

I'm afraid that
the angel is telling a lie.

(残念ながら天使がウソをついているのではないかと思う)

194 some day

□ **（未来の）いつか**

I want to go on a double date some day.

▷いつかグループデートがしたい。

えっと…彼氏です

島崎です

キャー

照れる〜

みーちゃんの友だちの伊藤まりあです！

それと…

わ

私の彼の…ルイ先輩です

照れる〜

カァー

どうも

いつかこのメンバーでダブルデートしたいなぁ

てれ

てれ

きゅん♡

きゅん♡

2-A レトロ喫茶

I want to go on a double date <u>some day</u>.

（いつかダブルデートがしたい）

STEP 2

195 have fun

□ 楽しむ

I had fun today, thank you.

▷今日はあなたのおかげで楽しめました。

S高祭無事終了しました〜
今年の文化祭はてんこ盛りだったな
楽しめたか？
Welcome S高祭

はい！
I had fun today, thank you.
(今日はあなたのおかげで楽しめました)

全部楽しかった〜

So, did I.
(俺もだよ)
Chu
2-A
レトロ喫茶
!!
ひゃ〜

すっ
?

I <u>had fun</u> today, thank you.

(今日はあなたのおかげで<u>楽しめました</u>)

196 What's wrong?

どうしたのですか

What's wrong?
▷どうしたのですか？

ただいま〜
ほんとに今日はてんこ盛りな1日だったなぁ…
恋人つなぎに 彼女呼び 手の甲にキス…
はー…♡
おかえり〜
あら？

どうしたの？なんか具合悪そうね
顔赤いわよ
え!?
そうかな？
照れてほてってるだけだけど…
でも恥ずかしいから言えない〜

今日ハシャいだし疲れてるのかも早めに寝るね
そう？

What's wrong ?

（どうしたのですか？）

STEP 2

197 have a cold

風邪を引いている

I was absent from school because I had a cold.

▷風邪を引いていたので、私は学校を休んだ。

ピピッ
37.5℃
ほてってるだけかと思ったら
ホントに風邪ひいてた～!!
ズビッ
文化祭終わったし
DVD観る約束のこと先輩と話したかったのに～…
タイミング悪すぎ～…

まりあ
大丈夫か？
ニヤニヤ

え!? 先輩!?
なんで!?
お見舞い
まりあが学校来ないと静かでつまんないよ

I was absent from school
Because I <u>had a cold</u>.

(<u>風邪をひいていた</u>ので
私は学校を休んだ)

198 like A better than B

□ **BよりもAのほうが好きだ**

I like pudding better than jelly.

▷私はゼリーよりもプリンのほうが好きだ。

待って！
私パジャマだし
寝起きだし
汗かいてるよ～!!
お母さ～ん!!
まさか先に
まりあの部屋に
来ることになるとはな
あ
まりあは
ゼリーとプリンなら
どっちが好き？
え!?

私は
ゼリーよりプリンが
好きですけど…
なるほどな
覚えとく

せっかく2人だし
食べさせて
あげよっか
ちょっと
やってみたかった
…え!?

分かんなかったら
両方買ってきた
お見舞い
え!?
嬉しい～

I **like** pudding **better than** jelly.

（私はゼリーよりも
プリンのほうが好きだ）

sit on~

□ ~にすわる

He sat on the bed.

▷彼はベッドに座った。

ドキ
ドキ
はい
え~!?
ドキ
ドキ
え
ほんとに?
ぱくっ
なんてね
え!?
はい
食べてごめんな
ドキ
ドキ
でも これはこれで間接キスなんだけど!?
ほんとまりあいい反応するよな
いじわるしたくなる
うん うまい

He sat on the bed.

(彼はベッドに座った)

200 It says that~.

（手紙・本・ウェブサイトなどに）～と書いてある

It says that this can cure a cold.

▷これで風邪が治る可能性があると書いてあった。

そうそう
それと…
まりあに借りたマンガ読んでたら
人に風邪をうつすとよくなるって
書いてあったけど
ギ
しっ…
その方法
試してみる？
ギ
ギキ
ン
ギキ
ン
ギキ
ン
え…
うつすって
もしかして…

It says that this can cure a cold.

（これで風邪が治る可能性があると書いてあった）

Munekyun
300 English phrases

STEP 3
中級レベルのフレーズ100

他の子に差をつけたいなら、もうひとがんばり！

201 say to one self

□ **心の中で思う**

I said to myself, "What's happening?".

▷私は「何が起こってるの？」と心の中で思った。

う…嘘!?
何が起きてるの!?
〝人に風邪をうつすとー…〟
だってそれって…

キスってことだよね!?

ガチ ゴチ

息は!? 止めたほうがいい!? 口は!? 目は!? 手は!? どうしたらいいの〜〜〜!?

パニック!!

I **said to** myself, "What's happening?"

(私は〝何が起こってるの？〟と心の中で思った)

STEP 3

202 with a smile

□ ほほえみながら

He talked to me with a smile.

▷彼はほほえみながら私に話した。

ふっ…ふふ
?
コツン
まりあ慌てすぎ
かわいいな
え…?

さすがにいじめすぎたな
体調悪いのにごめん
今日まりあがいなくてかまい不足だったからつい…

し…
してくれてもよかったのに~
ドキ
ドキ
ドキ
ドキ
でも もうすでにキャパオーバーだけど

He talked to me **with a smile**.

(彼はほほえみながら私に話した)

203 next time

□ **この次は，今度**

He may kiss me next time.

▷この次は、彼は私にキスするかもしれない。

そろそろ帰るな
まりあの顔みれてよかったよ
だいぶ顔色よくて安心した
あの
プリンとか
ありがとうございました
たとえ寸止めでも
照れて顔を見れない

すっ
この次は
本当にしようか

ぼんっ
～～っ!!!!

He may kiss me
<u>next time</u>.

(この次は
彼は私にキスするかもしれない)

STEP 3

204 grow up

□ 大人になる，成長する

I want to be a wonderful woman when I grow up.

▷私は大人になったら、すてきな女性になりたい。

きゃ〜〜〜
これ絶対熱上がってるよ〜
はー・・・
めちゃくちゃ慌てちゃったー…
恥ずかし…
絶対ずっと変な顔してただろうな〜
しかも寝起きでボサボサ髪でパジャマだし…
この状態で初キスじゃなくてある意味よかったかも…
大人になったらすてきな女の人になりたいなぁ…
いまはムリなのはワかってる…

I want to be a wonderful woman when I **grow up**.

（私は大人になったらすてきな女性になりたい）

205 at the same time

□ 同時に

I can do two things at the same time.

▷私は2つのことを同時にすることができる。

みーちゃん
おはよ〜
おはよ
中間テスト前に
治ってよかったね
ほんと
それ〜
テスト勉強
できた？
英語は
バッチリだと思う
他は自信ないけど

恋愛と勉強の
どっちもするって
難しくない？
私塾に
身が入らなくて
そう？
私は先輩と
仲良くなれば
なる程
英語も
頑張ろうって
思えるよ！

まりあ
先輩に恋して
ほんとよかったね
前は1つのことしか
できない子だったのに
それは
私も思う

I can do two things
at the same time.

（私は（恋愛と勉強の）２つのことを
同時にすることができる）

STEP 3

206 make a mistake

□ **間違える**

I didn't want to make a mistake on the English test.

▷私は、英語のテストで１問も間違えたくなかった。

あれ!? なんで!?
ビミョ〜な点数…
2学期中間　英語答案用紙
組　氏名　伊藤まりあ
72
100
get up
(2) at last
(3) far from
must
(5) a few
(6) more than
げ
しかも英熟語の部分が全然点数とれてない！
なんで!? 英語の勉強はちゃんとしてるのに〜
テスト中
これ初めての100点とれるのでは!?
スラスラ解ける〜
テスト受けてるときは100点とれると思って先輩に褒めてもらう妄想もしてたのに〜

I didn't want to **make a mistake** on the English test.

（私は、英語のテストで１問も間違えたくなかった）

207 find out~

STEP 3

□ ～を見つけ出す，～だとわかる

I found out the right answer.
▷私は答えを見つけ出した。

けっこう英熟語覚えたけど
私
同じような意味の英熟語がごっちゃになってるんだ
あ！そっか
ここ"get up"じゃなくて"wake up"だ
ここは"more than"じゃなくて"better than"
でも
自分で正しい答えを見つけ出したし
次こそは100点とるぞ！
そして先輩にほめてもらうっ。
むん！
・get up→起きる
ムクッ
・wake up→目を覚ます
パチ
・more than→数量が多い
・better than→能力がより良い
そっか
ただ覚えるだけじゃなくて
どういった場面で使うかも頭に入れないとダメなんだ

I <u>found out</u> the right answer.

（私は答え<u>を見つけ出した</u>）

STEP 3

208 by oneself

□ 1人で，独力で

I want to go to NY by myself someday.

▷私は、いつか１人でニューヨークに行きたい。

Tom's English Lesson
ネイティブが教えるよ！
＃1 初心者さん向け 街中英会話
←トムです！
My Tube
けっこう基礎は覚えてきたし
いろんな英語の勉強のしかた試してみよ
そのうちニューヨークにいる先輩のところに1人で行って
サプライズ登場するってのもやってみたいなぁ
サプライズ大好き♪
夢が広がる〜!!
くぅ〜〜
そしてやる気も出てくる。
I want to go to NY by myself someday.
(私は、いつか1人でニューヨークに行きたい)

209 communicate with~

STEP 3

□ **～と意思を伝え合う**

I can communicate with people from other countries.

▷私は、違う国の人と意思を伝え合うことができる。

ちょっと休憩〜

ふー……

でも
自分からどんどん英語の勉強するなんて

我ながら驚きだなぁ

少し前までは英語できなくても別にいいやって思ってたのに

中間テストではちょっとつまづいちゃったけど

違う国の人たちと少しだけどコミュニケーションとれたし

できるようになってきて英語 勉強するの楽しくなってきた

I can <u>communicate with</u> <u>people from other countries</u>.

(私は、<u>違う国の人と</u> <u>意思を伝え合う</u>ことができる)

far away

□ **遠くに**

I want to travel somewhere far away with him.

▷私はどこか遠くに彼と旅行したい。

もっと英語ができるようになったらニューヨークだけじゃなくて

遠くのいろんな国に先輩と旅行したいな〜

たとえば…

もわ〜ん

妄想タイム

うっ…遠くにある国って

どんな国があるか分かんないから妄想できない…

そのへんももう少し勉強しとかなきゃな

えっと世界地図は…

I want to travel somewhere <u>far away</u> with him.

(私はどこか<u>遠くに</u>彼と旅行したい)

211 come out of~

STEP 3

□ **～から出てくる**

Mr.Kawada come out of the classroom.
▷川田先生が、教室から出てきた。

ルイ先輩
見せたいものあるから
中庭来てもらえる？

パタ
何だろ～♪
パタ

ガラッ
おっと
わ
英語の川田先生
びっくりした～

伊藤
廊下は走るな！
すみません～

Mr.Kawada
came out of the classroom.

（川田先生が
教室から出てきた）

212 go away

□ 立ち去る

I went away from him.

▷私は彼の元から立ち去った。

そうそう
伊藤にこの間の中間テストの話をしようと思ってたんだ
げ
最近は 英語を頑張ってると思ってたが
中間では どうしたんだ?
くど
まぁおしいミスっちゃおしいミスだったが
あーゆー間違いは いまのうちに ちゃんとだな…
くど
川田先生 話し長いんだよね…

病み上がりでちょっと調子悪かっただけなんで

大丈夫です~

そそくさ

ん?

伊藤! 話はまだ…

ごめんなさ~い

I went away from him.

(私は彼の元から立ち去った)

213 make a speech

□ スピーチをする

He was making a speech in English.

▷彼は英語でスピーチをしていた。

先輩！
呼び出して悪いな
全然！
この前の弁論大会のスピーチのデータ さっきもらったんだ
見る？
！見たいです！

でもやっぱりネイティブな発音だと半分くらいしか分からないな～…
半分は分かるんだ

He was <u>making a speech</u> in English.

(彼は英語で<u>スピーチをしていた</u>)

うわぁ～先輩かっこい～!!
きゅん♡
きゅん♡

STEP 3

218 ~than before

□ 以前よりも～

I like English more than before.

▷私は以前よりももっと英語が好きだ。

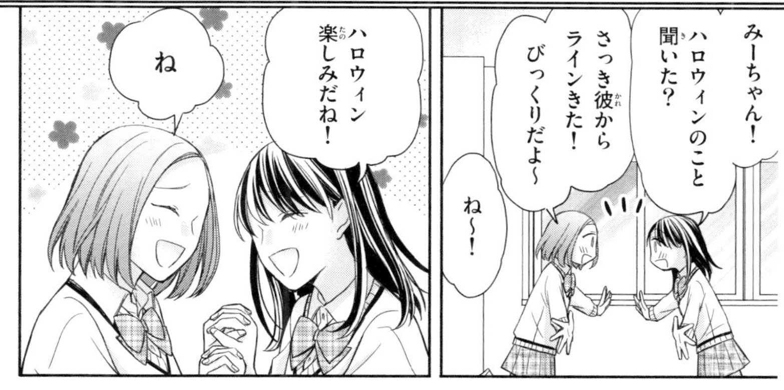

みーちゃん！
ハロウィンのこと聞いた？
さっき彼からラインきた！びっくりだよ～
ね～！
ハロウィン楽しみだね！
ね

私ももう少し英語の勉強しようかなぁ
まりあと先輩のおかげで私も前よりもっと英語を好きになったんだよね

いつか海外にWデートとかもよくない!?
それ最高!!
行こう！絶対!!

I like English more **than before.**

（私は以前よりももっと英語が好きだ）

219 Good luck.

STEP 3

□ 幸運を祈る，がんばってね

Good luck.
▷がんばってね。

あと 報告
?
明日 ついに
先輩の家で DVD観ることに なった
え〜!? ついに!?
うん 文化祭も テストも 終わったから
明日がんばってね 報告 待ってる
うん! ありがとー
先輩の両親に 彼女として挨拶するの キンチョーする〜
お土産 持ってくべき?
それは 緊張するわ〜

Good luck.

（がんばってね）

STEP 3

220 look up

□ **見上げる，～を調べる**

When I looked up in the sky, it began to rain.

▷私が空を見上げると、雨が降ってきた。

キーン コーン カーン コーン
みーちゃん 帰りながら ハロウィンどうするか 話そ～
いいね
ゴロ
ゴロ
あれ？ 雨降りそう…
ほんとだ
ポツ
あ～～ 傘忘れた～
私 折りたたみ傘 あるよ
相合傘しよ
わ～ 降ってきた
When I looked up in the sky, it began to rain.
(私が空を見上げると、雨が降ってきた)

221 after a while

□ **しばらくして**

After a while, **we started to walk.**
▷しばらくして、私たちは歩き出した。

まりあ
先輩!
傘ないの? 俺あるけど入ってく?
え!?
!
先輩 家隣だし ちょうどいいじゃん! 入れてもらいなよ!
じゃ 私 帰るね～!
ダッ
早っ…
みーちゃん……!
……
ドキ
ドキ
ドキ
ドキ
じゃあ 行こうか
バッ
ぺこっ
よろしくお願いします

After a while,
we started to walk.
(しばらくして
私たちは歩き出した)

STEP 3

222 continue to ~

□ ～し続ける

I continue to study English.

▷私は、英語の勉強をし続けている。

ひゃ～
相合い傘だ～～～!!
写真撮って
永久保存したい…!
ドキ
ドキ
そういえば
はい!?
ドキッ
俺のスピーチ
半分分かったって
言ってたけど
リスニングも
勉強してるんだ?
はい!
実は最近
リスニングにも
力入れてるんです!
私ちゃんと
英語の勉強 続けてますよ
最近は
英語の勉強するの
楽しいんです
I continue to study English.
(私は、英語の勉強をし続けている)

223 smile at~

□ ～にほほえみかける

He smiled at me.
▷彼は私にほほえみかけた。

そっか
偉いな
まりあのそういう
頑張り屋なとこも
え…!?
もしかして これはっ…
!
好きだよ
ドキ
キス!?
ペちっ
こんな道の真ん中で
しないよ
!!
ドキ
ドキ

He **smiled at** me.
（彼は私にほほえみかけた）

STEP 3

224 be made of~

□ ~でできている

This decoration is made of pumpkin.

▷この飾りは、かぼちゃでできている。

あぁっ
もう家に着いちゃう〜
先輩の家のドア
ハロウィンの飾りですか？
あぁ
母親があーゆーの好きでね
見てっていいですか？
いいよ
これ
本物のかぼちゃなんだって
ミニパンプキン
へぇ！
すごい…
かわい〜

This decoration
is made of pumpkin.

（この飾りは
かぼちゃでできている）

□ 何度も，くり返して

STEP 3

I took a deep breath again and again.

▷私は何度も深呼吸をした。

そうそう
明日 親いないから
まりあの都合のいいときに ウチ来てくれればいいよ
!!?
親がいない!?
ドッキーン
落ち着け私!
そこに反応したら スケベだって思われる!!
スーハー スーハー (深呼吸)
めっちゃ 動揺してる
スーハー スーハー
ドッ ドッ ドッ ドッ
ワカリマシタ
雨止んだし 帰りますね
デハ また明日

I took a deep breath **again and again.**

(私は何度も深呼吸をした)

STEP 3

230 run away

□ 走り去る，逃げる

She ran away when I tried to touch her.

▷私が触ろうとしたら、彼女は逃げていった。

あのっ
マリンに触ってもいいですか？
うず
うず
私 動物大好きなんですけど
お母さんが動物アレルギーで飼えなくて…
ダッ
あ
マリンは人見知りだから
初対面だとなでさせてくれないんだ
ガ〜ん
じっ

She ran away
when I tried to touch her.

(私が触ろうとしたら、
彼女は逃げていった)

231 right now

STEP 3

□ 今すぐ，ただ今

Let's walk the dog right now.

▷今すぐ犬の散歩をしよう。

しょぼ…
ワンちゃん…
マリンと仲良くなるために散歩してみるか？
！
今すぐやりましょう！
犬の散歩ってしてみたかったんです
さんぽ？
ハッ
ハッ
カチッ
よろしくね マリン
キャンっ
ダッ
えっ
力強っ！

Let's walk the dog **right now**.

(今すぐ犬の散歩をしよう)

STEP
3
232

Come on.

がんばって，元気を出して，さあ

Come on !

▷がんばって！

ま　待って　マリン～

ビュンッ

ひぃ　ひぃ

ずっと全力ダッシュで　もう体力がっ…

Come on, Maria !

（がんばれ、まりあ！）

先輩～　マリンを止めて～…

ゼェ　ゼェ

キャンっ

Come on !

（がんばって！）

233 get angry

□ **怒る**

I got angry with him.

▷私は彼に怒った。

先輩
ひどいです〜！
絶対こうなるって
分かってて
散歩誘った！

ごめん
ごめん
でもマリン
なでさせてくれるように
なったんじゃないか？

！

ドキ
ドキ
そろ…

ぶー
じぃ…

ありゃ
まだダメか

あ
ダッ

I **got angry** with him.

（私は彼に怒った）

ここがポイント！

get angry のうしろは with? about?

まりあ

先輩、get angry withも、get angry aboutも、
「～に怒る」という意味ですよね。
違いが分からないんですけど…。

ルイ

簡単だよ。
get angry with は「人」に対して怒るとき、
get angry about は「こと」に対して怒るときに使う。

まりあ

ということは、「私は彼に怒った」は、I got angry with him. で、「私は彼の言ったことに怒った」は、I got angry about his talk. になるっていうことですね。

ルイ

そういうこと。あと、get angry じゃなくて、
be angry という言い方もあるよ。こちらは
「怒っている」っていう状態を表すときに使うんだ。

まりあ

I am angry with him. は、
「私は彼に怒っている」という訳になるんですね！
分かりました。

ルイ

なるべくまりあに
怒られないようにしなきゃ…。

まりあ

怒りませんよ！
そんなにしょっちゅうは…。

234 wake up

STEP 3

□ 目を覚ます

I woke up at five o'clock this morning.

▷私は今朝、5時に目が覚めた。

でも まりあ 緊張は ほぐれたでしょ
来たとき すげー 緊張 してたから
!
キンチョー してるの バレてた!!!
ちなみに今日は 何時に起きたの?
…
目が覚めたのは 5時です
ドキッ
早っ 緊張 しすぎでしょ
か〜
だって 水族館デートのときから 今日のこと 楽しみにしてたから
I woke up at five o'clock this morning.
(私は今朝 5時に目が覚めた)

STEP 3

235 take part in~

□ ～に参加する

My parents are taking part in a wedding meeting.

▷私の両親は、結婚式の打ち合わせに参加している。

親いないし
楽にしててくれていーよ
飲み物入れるな
それもまた緊張するけど

あの
今日ご両親は…？

あぁ
姉の結婚式の打ち合わせに参加してるんだ
先輩お姉さんいたんですか!?
しかも結婚!?
あれ
言ってなかったっけ

My parents are **taking part in** a wedding meeting.

(私の両親は結婚式の打ち合わせに参加している)

姉さんも両親もこだわり強いから長くなると思う
!!

236 away from~

STEP 3

□ **~から離れて**

Her house is two stations away from here.

▷彼女の家は、ここから２駅離れている。

10歳上の姉がいるんだ
姉さんは２駅離れたところに住んでるんだけど
一緒に暮らしてないから分かりづらいよな
そうだったんですね
先輩と似てるんですか!?
写真あったら見たいです！
絶対美人そう！
あー…
アルバムにあるかな
じゃあ ケーキ用意してくるから
先に俺の部屋行ってて
２階の一番奥
！
はいっ
アルバム!?見たいです!!
はいはい

Her house is two stations **away from here**.

(彼女の家は、ここから２駅離れている)

STEP
3

237 more and more

□ ますます

I'm getting to like him more and more.

▷私は、彼をますます好きになっている。

ついに先輩の部屋に…!
ガチャ
ドキ ドキ
スタイリッシュ~!!
イメージ通り!

これ
私が先輩の誕生日に描いた似顔絵…!
HAPPY BIRTH

フレームに入れて飾ってくれてるんだ…!
きゅん♡

I'm getting to like him **more and more**.

(私は、彼を
ますます好きになっている)

238 both of~

□ **~の両方とも**

I want to watch both of them.

▷私は、それらの両方とも見たい。

コトッ
ありがとうございます
わーい
さて
恋君カラフルのDVD特典アニメ見ようか
アニメ 恋君カラフル

あのっ
本編のアニメも特典アニメも両方とも見たいですっ

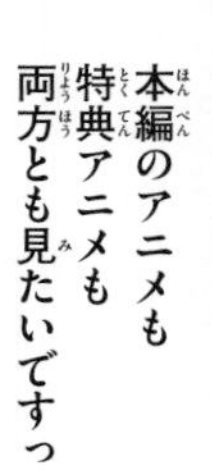

え？どっちも？
けっこう時間かかるよ
先輩と一緒に見たいんです
感想語りしたい！

ちゃっかり
あ
その前にアルバムを先に見たいです！
そっち優先なんだ？

I want to watch **both of** them.

(私は、それらの両方とも見たい)

STEP 3

239 pick up~

□ **～を拾い上げる，～を車で迎えに行く**

I picked up the book.

▷私は本を拾い上げた。

えーっと
たしかアルバムは
ここらへんに…
あ
私
拾いますね
悪いな
…
Hな本
だったりして～
ドキ
ドキ
そろ～…
?
私のスケベ～!!
自己嫌悪
!!
望校選び決定版！
大学受験案内
大学を徹底網羅！充実度NO.1！
I picked up the book.
(私は本を拾い上げた)

240 be over

STEP 3

□ **終わる**

His high school life will be over next year.

▷来年、彼の高校生活が終わる。

そっか 来年は先輩 3年生になるから

受験があって そして 高校卒業しちゃうんだよね…

いまみたいに

ぽむっ

一緒に登校したり できなくなっちゃうんだ…

どうした?
アルバム あったぞ
あ
いえ…
Rui's ALBUM

His high school life will **be over** next year.

(来年、彼の高校生活が終わる)

241 be full of~

□ ～でいっぱいである

I am full of anxiety.

▷私は不安でいっぱいになっている。

やっと先輩の部屋に来れたんだから気持ち切り替えないと!

今日は楽しむ日!!

でも…

さっき大学の本拾ってくれてからなんか寂しい顔してるけど

そのこと気になるの?

!

…

――

言うか迷ってる

やっぱり

I am full of anxiety.

(私は不安でいっぱいになっている)

242 graduate from~

STEP 3

☐ **～を卒業する**

He will graduate from high school in about a year.

▷彼は、あと1年ちょっとで高校を卒業する。

私 いまが幸せで楽しくて
終わる日がくるなんて全然考えてなくて…
先輩が3年生になったら卒業しちゃうんだって思ったら
すごく悲しくなっちゃって…

そうだな

ちょっと その話しようか

He will **graduate from** high school in about a year.

（彼は、あと1年ちょっとで高校を卒業する）

STEP 3

243 go abroad

□ 外国へ行く

He is planning to go abroad after he graduates.

▷彼は学校を卒業したら、外国へ行く予定だ。

進学するつもりだから
いろいろ大学見てみたんだけど
俺 大学は
海外の大学に行こうと思ってるんだ

え…
志望してる大学はかなり難しいから
受かるかどうか分かんないんだけどな

……
そんなっ…

He is planning to **go abroad** after he graduates.

（彼は学校を卒業したら外国へ行く予定だ）

244 even if~

STEP 3

□ たとえ〜だとしても

We will be OK even if we are far apart.

▷たとえ遠く離れたとしても、私たちは大丈夫だ。

でも 俺 思うんだ

たとえ 離れたとしても

まりあとなら 絶対楽しめるって

すごいな 先輩…

そのひと言で

寂しいけど きっと

乗り越えられるって思える…!

…はいっ

We will be OK
even if we are far apart.

(たとえ遠く離れたとしても
私たちは大丈夫だ)

STEP 3

245 throw away~

□ ～を捨てる，無駄にする

I threw away the second button of my uniform.

▷私は制服の第２ボタンを捨てた。

あのっ
じゃあ
いまからもう
先輩の第２ボタン
予約してもいいですか？
まりあ以外に
あげる気ないよ

！

中学のときは
メンドーなことに
なりたくないから
捨てたんだったな
そういえば
え!?

I **threw away** the second button of my uniform.

（私は制服の第２ボタンを捨てた）

246 in this way

□ **このように**

Please throw your second button in this way.

▷このようにして、第2ボタンを投げてください。

ルイ中学時代
卒業式
ルイ先輩!
第2ボタン捨てたんですか!?
あぁ でも結局ちょっとメンドーなことになったけど…

ぞろっ…
あのっ… こんなふうにして第2ボタンを私たちに投げてくれませんか!?
ブーケ方式
後ろ向いて目をつぶる
先輩
ボタン投げる
私たち
みんなで話し合ったんです
ケンカにならないように…
……
うわ~…

Please throw your second button **in this way**.

(このようにして第2ボタンを投げてください)

えへ!?
第2ボタンならもう捨てたから
でも日本語で喋ってくれた♡

STEP 3

247 learn to~

□ ~するようになる

I learned to skateboard when I was five.

▷私は５歳の時、スケボーに乗るようになった。

す…すごい
モテるのも大変だぁ
まぁ 昔の話はいいじゃん アルバム見るんじゃなかった？
見ます！
先輩かわい～♡ スケボー乗ってる！
ルイ5歳 スケボーに夢中
5歳のときにスケボー乗れるようになったから その頃夢中で乗ってたな
なつかしいな
かわいい！
I learned to skateboard when I was five.
（私は５歳の時、スケボーに乗るようになった）

248 not as…as~

□ ~ほど…はない

I cannot play the piano as well as my sister.

▷私は姉ほどピアノがうまくはなかった。

あ
この写真ピアノ弾いてる!
姉さんがやっててうらやましくて
4年くらい習ったっけな
じゃあ先輩ピアノ弾けるんですか!?
すごい!
姉さんほどうまくはないけど
いろんな知らなかった先輩のこと知れて嬉しい~
にやにや
あ
お姉さん!
やっぱり美人!
I cannot play the piano as well as my sister.
(私は姉ほどピアノがうまくはなかった)

STEP 3

249 not only A but also B

□ **Aだけでなく Bもまた**

He speaks not only English but also French.

▷彼は英語だけではなく、フランス語も話す。

あ
これはフランスですか!?
たしか半年くらい住んでたって
そうそう
凱旋門に
英語だけじゃなくフランス語も話せるなんて
すごいなぁ
こんな子供のときから

私なんて日本語も危ういのに…
そこはがんばれ

Je ne sais pas quoi dire.

(何を言えばいいか困るんだよな)

よく言われるけど
キャー♡

He speaks **not only** English **but also** French.

(彼は英語だけでなくフランス語も話す)

あ
先輩のフランス語聞いてみたいです!
ええ…

250 long ago

□ ずっと前に

A baron lived in the house long ago.

▷その家には、ずっと前に男爵が住んでいた。

そういえば
フランスの家は昔男爵の別邸だったらしくて
けっこう豪華だったんだ
シャンデリアとか
男爵!? マンガの世界みたい!
行ってみたい!
でも そこ
幽霊出たんだよ
ええ!?
ポルターガイスト!! すごくてさー
なんでそんな楽しそうなの!?

A baron lived in the house **long ago**.

（その家には、ずっと前に男爵が住んでいた）

STEP 3

251 take out~

□ ～を取り出す

He took out the DVD from the case.

▷彼はケースからDVDを取り出した。

そろそろアルバムよくないか?
そんなじっくり見られるとは…
えー…
!
また次来たときに続き見なよ
日が暮れる
"次"!!
はいっ
また次見せてくださいね!
そっかまた来れるんだ
じゃあDVD観ようか
キャー
パッ

He **took out** the DVD from the case.

(彼はケースからDVDを取り出した)

252 go around～

□ ～を歩き回る

They went around the town.

▷彼らは街を歩き回った。

特典DVD鑑賞中

この街を手を繋ぎながら歩くって

なんか気恥ずかしいね

だな

わ～～～

きゅん♡ きゅん♡

DVD特典のアニメって2人の街一周デートなんですね

2人のラブラブが見れるなんて嬉しすぎる…

They went around the town.

(彼らは街を歩き回った)

あぁ！この場所！2人が出会った場所！
それをいま2人は手を繋いで…
尊いっ…
前のめりっ

STEP 3

253 too…to~

…すぎて～できない

It's too difficult for me to understand.

▷(彼女が言っていることが)私には難しすぎて理解できない。

ずっと…
ずっと好きだったのっー!!
えっ…

きゅん♡きゅん
はー…!!
やっぱり本編アニメも最高っ…!!

エモみがヤバくて尊死しそうです～!
何て?
??

俺もお前のことっ…
あぁっちょっと待ってください!

It's **too** difficult
for me **to understand**.

((彼女が言っていることが)
私には難しすぎて理解できない)

254 look around~

STEP 3

□ **～を見回す**

I looked around his room.

▷私は部屋を見回した。

はー…
よかったぁ…
余韻

母さんたち
そろそろ帰って
くるって
連絡きた
え!?
あ!
もう18時過ぎてる

帰る前に
もう一回先輩の部屋
よく見とこ～
キョロ キョロ
あ
そうだ

これ
飾ってくれて
ありがとう
ございます
あぁ
これ見ると
元気出るんだよな
え!?

I **looked around** his room.

（私は部屋を見回した）

STEP 3

255 prepare for~

□ **~の準備をする**

He'll prepare for the entrance exams next year.

▷彼は来年、受験の準備をする。

今日はありがとうございました　おじゃましました
あっという間だったな
昔の先輩のこととかこれから先のことを聞けて
嬉しかったです
来年から受験の準備とか勉強であんまり遊べなくなると思う
だから家が隣でよかった
…はい
He'll prepare for the entrance exams next year.
（彼は来年、受験の準備をする）

STEP 3

256 get out of~

□ **～から降りる，～から外へ出る**

His parents got out of the taxi.
▷彼の両親がタクシーから降りてきた。

キキッ

あら？
バタン

まりあちゃん こんばんは
あ

あのっ
おじゃま しましたっ
だーっ
あらあら

こ… こんばんはっ
ドキ ドキ
いまの 見られた？・ 見られた？・

His parents
got out of the taxi.

（彼の両親が
タクシーから降りてきた）

STEP 3

257 call…back

□ …に電話をかけ直す

I'll call you back later.

▷あとであなたに電話をかけ直すね。

さっき見られちゃったかな～…

だとしたら恥ずかしすぎる～

みーちゃん

発信中…

プルルルルル

スピーカー

まりあ!?

みーちゃん聞いてよ～

待って!

え

いま お風呂あがったばっかだから髪乾かしてからじっくり話聞かせて!

何かあったって期待してる…?

そういえば全然キスとかの雰囲気にならなかったなぁ…

アニメに夢中になりすぎた

後でかけ直すね!
プツッ
あ
切れた

I'll **call** you **back** later.

(あとであなたに電話をかけ直すね)

258 half of~

STEP 3

□ **〜の半分**

I lent him half of the comic books that I have.
▷私は持っているマンガの半分を彼に貸した。

なんだ〜
何もなかったのか〜

帰り際
ハグはしたけど

ぽぽぽ

でも先輩が
アニメのDVD買うって
なんか意外〜

しかも少女漫画の

先輩もけっこうまりあに
影響受けてるんだね

言われてみれば
そうかも

逆にマンガの話に
夢中になりすぎるから
甘い雰囲気に
ならないのかも…

とほほ

まりあの漫画コレクションたち

だって私が
持ってるマンガ
もう半分は
先輩に貸したから

そんなに!?

なるほどね

納得〜

I lent him <u>half of</u>
<u>the comic books</u> that I have.

(私は持っているマンガの半分を
彼に貸した)

259 depend on~

□ ～に頼る，まかせる，～次第である

You can depend on me.

▷私にまかせて。

そうだ ハロウィンの服どうする？

あんまりガッツリしたのは恥ずかしいかな？

でも それなりのは着たいし 着てほしいよね

男性陣にも

たしかに

どこで買う？ どこに売ってるんだろ そーゆー服

ん～

ネットで調べてみるよ

衣装は私に任せて

先輩にどんなの着てもらお～♥

ドラキュラ

狼男

悪魔

海賊

ドキ

ドキ

You can **depend on** me.

（私にまかせて）

見つけたらあとで連絡するね～

おっけ～

ありがと

260 at the age of~

STEP 3

□

~歳のときに

I dressed up as a princess at the age of five.

▷5歳の時に、お姫さまのかっこうをした。

衣装検索中
♪
ポチ ポチ
あ
これいいかも!
みーちゃん
これどう!?
いいね!
ポン!

わ~
コスプレなんて
いつ以来だろ~
ドキ ドキ
ポチ
購入っと
5歳のとき
幼稚園のお遊戯会でお姫様の
かっこうしたくらいかな

I dressed up as a princess **at the age of** five.

(私は5歳の時に
お姫様のかっこうをした)

わく わく
ハロウィンの
Wデート
楽しみすぎ~!

STEP 3

261 be in trouble

□ **困っている**

He helped us when we were in trouble.

▷私たちが困っていたら、彼が助けてくれた。

悪魔コスふたごコーデ
ヒュ〜
2人とも かわいいね 俺らと一緒に 行かない？
うほっ
JKじゃね？
ぞろぞろ

オロ オロ
ねぇねぇ
えと…
あのさ
ナンパされたことないから 対処法が分からない

He helped us when we <u>were in trouble.</u>

（私たちが困っていたら 彼が助けてくれた）

俺らの彼女に なんか用？
先輩っ

262 so…that～

□ とても…なので～

He looks so cool that I can't look at him.

▷とても素敵なので、私は彼を直視できない。

だから現地集合はやめようって言ったのに

だって現地でわくわくして待ちたかったんです～

何もなくてよかったよ

ちらっ

はー♡

先輩かっこい～!!

この衣装にして大正解！

私グッジョブ。

He looks **so** cool **that** I can't look at him.

(彼がとても素敵なので私は彼を直視できない)

かっこよすぎて直視できないよ～!!
また聞こえてないな

STEP 3

263 □ be popular among~

～の間で人気がある

Instagram is popular among young people.

▷インスタグラムは若い人たちの間で人気がある。

パシャ
パシャ
この写真映えてるからインスタに載せよ～っと
もうちょっとインスタ用に写真撮ろーよ
ストーリー用の動画も撮ろ！
だね！
まりあたちいくつインスタ用の写真撮る気だ？
Instagram is popular among young people.
（インスタグラムは若い人たちの間で人気がある）

264 go and~

□ ～に行く

Why don't we go and buy something to eat?

▷何か食べるものを買いに行くのはどう？

しかし すごい人だな
ガヤ
ガヤ
人混み入ったら 絶対はぐれそう
だからって ここにずっと いるのもね
じゃあ何か食べるもの 買いに行くのはどうっすか？
万が一はぐれても 目的地があれば 合流できるし
いいね そうしよう
じゃあ それぞれ 手を離さないように 行こうか
はいっ

Why don't we go and buy something to eat?

(何か食べる物を買いに行くのはどう？)

STEP 3

265 for dinner

□ 夕食に

What do you want to eat for dinner?

▷夕食に何を食べたいですか？

わ〜い
ハロウィン限定ドーナッツゲット〜
かわいー〜
おいし〜
パクッ
お菓子はこれくらいにして
夕飯は何食べようか？
食べたいものある？
あ
ハロウィン限定バーガー食べたいです！
へ〜
そんなのあるんだ
私もそれ食べたいって思ってた
イカスミ使用の黒バンズ

じゃあ
それ食べに行こうか
やった〜

What do you want to eat
for dinner?
（夕食に何を食べたいですか？）

266 Let me see.

□ ええと

Let me see.
▷ええと。

ハロウィン限定バーガーセットですね
890円です!
ええと…
カバン…
あ
カバン邪魔になるからポッケに五千円札だけ入れてきたんだった
カバン探しちゃってた

ちょっと待ってください
ポッケどこだ〜
わたわた
ポンっ

会計一緒で同じセットもう1つお願いします
先輩っ
きゅん♡
かしこまりました〜

Let me see.

（ええと）

STEP 3

267 sound like~

□ ~のように聞こえる

It sounds like a good idea.

▷それはいい考えですね。

ハロウィン限定バーガー
おいしかった~
満足~

あの
デザートにクレープ食べに行きませんか!?
この近くにバズったお店があるんです

It sounds like a good idea.
(いい考えだね)
やった~
じゃあクレープ買いに…

でもまりあは門限もうすぐだからそれはまた今度ね
え~~~

It **sounds like** a good idea.

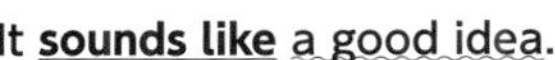

(それはいい考えのように聞こえる
→それはいい考えですね)

268 in time

間に合って，遅れずに

I got home in time.

▷私は遅れずに家に着いた。

え～
今日くらい門限やぶっても…
ダ・メ
そんな～
よし間に合うな
20:50（門限は21:00）
ルイ君
送ってくれてありがとうね
いえ

じゃあ
また明日なまりあ
バタン
しっかり門限に間に合うように送ってくれて
いい男だわ～ルイ君
イケメンだし

今日くらい門限なしでいいじゃん～
ダメです
もっと遊びたかったし

I got home in time.

（私は遅れずに家に着いた）

STEP 3

269 take off~

～を脱ぐ

I took off my clothes.

▷私は服を脱いだ。

あ～ぁ
門限破って
終電逃して…
みたいなことも
妄想してたのにな～
ちぇっ

……
ポッ
それはさすがに
妄想しすぎか

でも
ハロウィンWデート
楽しかった～♪
ぬぎっ

また来年もWデート
できたらいいなぁ
…

I **took off** my clothes.

(私は服を脱いだ)

さすがに
難しいかな…
受験前になるもんね

270 stay up

STEP 3

□ (寝ないで) 起きている，夜ふかしする

I stayed up late last night.

▷私は昨夜遅くまで起きていた。

先輩
おはよ〜ございます
おはよ
ふぁっ
眠そうだな

昨日のハロウィンが楽しすぎて
なかなか寝付けなくて…

私
期末テスト
英語は100点目指してるんで！
おぉ
むん！

どうせだったら起きちゃおうって思って
遅くまで英語の勉強してたんです
偉いじゃん

I **stayed up** late last night.

(私は昨夜遅くまで起きていた)

STEP 3

271 the other day

□ 先日

I got 92 on my English test the other day.

▷私は先日、英語のテストで92点だった。

どう？
100点とれそう？

中間では

あんまり
点とれなかったって
ヘコんでたけど

私
この前の
英語の小テスト

92点でした！

ドヤぁ

おぉ

最初の頃は
40点いけそうってくらいで
ドヤってたのにな

※1学期の期末のとき

ありましたね
そんなこと…

I got 92 on my English test **the other day**.

（私は先日
英語のテストで92点だった）

272 of all

STEP 3

□ **すべての中で**

I like English the best of all subjects.

▷私はすべての教科の中で、英語がいちばん好きだ。

私 ずっと

英語が1番苦手で 嫌いだったんです

でも いまは

先輩のおかげで

全部の教科の中で 英語が1番好きになりました

そっか

じゃあ 100点とったとき用に

ご褒美 用意 しとこうかな

え!?

がんばろ!!

I like English the best **of all** subjects.

(私はすべての教科の中で英語がいちばん好きだ)

STEP 3

273 have a headache

□ 頭痛がする

He has a headache, so he will be absent from school.

▷彼は頭痛がするので、学校を休む。

あ〜〜〜 寝坊した〜
バタ
バタ
ごほうびにつられて 遅くまで勉強 頑張りすぎた〜
7時25分よ
え？ まだ時間 大丈夫じゃない？
ちゃんと髪とか 準備したいの！
はいはい 朝ご飯は ちゃんと食べてよ
は〜い
ピロン
ライン：新着
ルイ先輩
ルイ先輩
頭痛するから 今日学校休むな
え!?

He **has a headache,**
so he will be absent from school.
（彼は頭痛がするので、学校を休む）

274 write to~

□ **～に手紙（メール）を書く**

I wrote to him in English.

▷私は英語で、彼に手紙を書いた。

先輩 今日は休みなんだね
うん 熱はないけど期末近いし念のためだって
で まりあは何書いてんの？
帰りに何か買ってお見舞いに行こうと思ってるから
それにお手紙入れようと思って
え!? 英語で書いてるの!?
うん 前にも英語で先輩に手紙 書いたことあるんだけど
↑ルイの誕生日のとき
そのとき間違い多かったから成長したとこ見せようと思って
すご～!!
I wrote to him in English.
(私は英語で彼に手紙を書いた)

STEP 3

275 I hope so.

□ そうだといいですね

I hope so.

▷そうだといいですね。

あと見て！
先輩の飼ってるワンちゃんも描いたの
ぴらっ
マリン
キャン
かわい〜
これ見て元気になってくれたらいいなって思って
そうだといいね
前に先輩が私が描いた似顔絵みると元気が出るって言ってたから
マリン
I hope so.
（そうだといいですね）

Which do you like better, A or B?

STEP 3

AとBではどちらのほうが好きですか

Which do you like better, jelly or pudding?

▷ゼリーとプリンでは、どちらのほうが好きですか？

先輩っ
ゼリーとプリンだとどっちが好きですか？
今度は私が聞くほう！
俺もプリンかな
一緒だ❤
じゃーん
私も両方買ってきたんでここに置いときますね！
あれ？

Which do you like better, jelly or pudding?

（ゼリーとプリンでは
どちらのほうが好きですか？）

食べさせてくれないの？
えぇ!?
トッ トッ

STEP 3

277 all the time

□ **いつも**

My mother forgets to knock on the door all the time.

▷私のお母さんは、いつもドアをノックし忘れる。

『食べさせてくれないの？』
ど
どうしよう…
ドキ
ドキ
恥ずかしいけど
やってみたい気もする…
ドキ
ドキ
pudding
ガチャ
ねぇ
まりあちゃん
ケーキ食べない!?
どきーーっ!!
母さん
ノック!
いつも忘れるよね
あぁ
ごめんごめん
ねぇ
まりあちゃん
ケーキどう？
いえ
私はこれで…
お邪魔しました
ドッ
ドッ
ドッ
あら
残念
My mother forgets to knock on the door all the time.
(私のお母さんは、いつもドアをノックし忘れる)

278 take a message

□

（電話で）伝言を預かる

Can I take a message?

▷伝言を預かりましょうか？

ふぅー…
ドッ
ドッ
先輩に〝あ〜ん〟してるの
危うくお母さんに見られるとこだった

あ
慌てて帰ってきたから
手紙のこと
言いそびれちゃった
…後で電話しよ

トゥルルルル
先輩に
電話するの
まだキンチョーする
ドキ
ドキ

Hi! Maria!
It's Rui's dad!
（やぁ！　まりあ！
ルイのパパだよ！）
え!?
先輩のお父さん!?

Rui is taking a bath now.
（ルイはいまお風呂なんだ）

Can I take a message?
（伝言を預かろうか？）

えっと

Can I take a message?

（伝言を預かりましょうか？）

STEP 3

279 Hold on, please.

□ **（電話で）少しお待ちください**

Hold on, please.

▷少しお待ちください。

Hold on, please.
(少し待っててください)

お父さんと話すとなるとさすがに電子辞書用意しよ
あと紙とペン

まりあ!?
!

ごめん いま風呂上がった まさか父さんが勝手に電話出るとは…
あはは
びっくりしました

先輩!?

Hold on, please.

(少しお待ちください)

280 leave a message

□ **（電話で）伝言を残す**

Please leave a message on my phone.

▷留守番電話にメッセージを残してください。

お父さん お茶目ですよね

くすくす

あぁ まりあと気が合うかもな

えぇ!?

今度から留守電設定するから 出なかったら そっちにメッセージ残して

（父さんならまたやりかねない）

はい

あと 手紙とマリンの絵ありがとな すげー嬉しかった

よかった

その場で見てたら 抱きしめてるとこだった

!?

そしたら 母さんに見られてたな
危なかった
ぽっ
でも 抱きしめられたかったかも
ドキドキ

Please leave a message on my phone.

（私の留守番電話にメッセージを残してください）

STEP 3

281 take…for a walk

□ …を散歩に連れていく

I want to take her for a walk again.

▷私は、また彼女を散歩に連れて行きたい。

母さんも父さんもまりあのことすごい気に入ってるよ
え!? 嬉しいです!
あとはマリンだな
!
マリンの散歩またしたいです!
もちろんいいよ
次は引きずられないように頑張れ
がんばります!!
I want to take her for a walk again.
(私は、また彼女を散歩に連れていきたい)

282 take a walk

STEP 3

散歩する

I was eating a baked sweet potato when I was taking a walk.

▷私は散歩していたときに焼き芋を食べていた。

そうそう
散歩といえば
昨日 母さんが
マリンの散歩をしてるとき
まりあ見たって
え!?

両手に焼き芋持って
美味しそうに頬張ってたって
あ!!

テスト勉強の息抜きに
散歩したとき
焼き芋のおいしそうな
匂いがしたから…
2つも買っちゃった
声かけようとしたら
マリンがトイレし始め
ちゃったたって

まさか 見られてた
なんてっ…!
恥ずかしっ!!
可愛いかったって
言ってたよ
俺も見たかったな

I was eating a baked sweet patato when I was **taking a walk.**

(私は散歩していたときに
焼き芋を食べていた)

STEP 3

283 I'm sure that~.

□ きっと〜と思う

I'm sure that I got a perfect score on my English test.

▷きっと私は英語のテストで満点をとれていると思う。

期末テスト当日
キーンコーンカーン…
まりあ 英語どうだった!?
100点目標って言ってたけど
手応えバッチリ!

ケアレスミスさえなければ きっと100点とれてると思う
おぉ

そのためにも100点とりたい~!!
とれてますように~~!!
私に拝まれても…

先輩のご褒美楽しみだね
前は夏祭りデートだったよね
!

I'm sure that I got a perfect score on my English test.

(きっと私は英語のテストで満点をとれていると思う)

284 have a hard time

STEP 3

□ 苦労する，つらい目にあう

I had a hard time getting a perfect score on my English test.

▷私は英語のテストで満点をとるのに苦労した。

人生初めての100点!!
しかも英語で!!
う…うそ!!
2 期末 英語答案用紙
氏名 伊藤 まりあ
100
/100
1) a
(2) c
(3) b
4) b
(5) make a mistake
1) ○
(2) He will find out the truth.

早く先輩に見せたい～!!
放課後早く来い～!!
むふふ

やばい…めちゃくちゃ嬉しい～!!!
じ～ん
この100点をとるのにどれだけ苦労したか…!
優しくぎゅ…

I **had a hard time** getting a perfect score on my English test.

(私は英語のテストで満点をとるのに苦労した)

285 during one's stay in~

□

～での滞在中に

I studied French during my stay in France.

▷私はフランス滞在中に、フランス語を勉強した。

先輩！
2学期末　英語答案
C組　氏名　伊藤まりあ
100
じゃ〜ん！
おぉ
すごいじゃん！
100点！

ぽんっ
がんばったな

違う言語って
勉強するの大変だよな
俺はフランス行ってから
フランス語の勉強始めて　苦労したから
すげー分かるよ
え!?
そうなんですか!?

I studied French
during my **stay in** France.

（私はフランス滞在中に
フランス語を勉強した）

286 belong to~

□ **～に所属する**

I belonged to a basketball club in France.

▷私はフランスで、バスケットボールクラブに所属していた。

先輩って勉強しなくてもフランス語できたんだろうなって思ってました

イメージ的に

まさか

フランス語なんて全然分かんないのに

現地の学校入れられてさ

だから必死で勉強したよ

バスケクラブ入って友達できて

少しずつ話せるようになったって感じだな

それでも日常会話やっとだけど

だからこんな短期間で20点から100点になるなんてほんと頑張ったな

20点のことは忘れてください

恥…

また新たな先輩を知れた

I **belonged to** a basketball club in France.

(私はフランスで、バスケットボールクラブに所属していた)

STEP 3

287 either A or B

☐ AかBかどちらか

Please choose either my right hand or my left hand.

▷私の右手か左手、どちらか選んでください。

それじゃ約束どおりご褒美だな
!
いま!?
どきっ
右手と左手どっちか選んで
すっ
え!?
えっと…
右!
パッ
残念
あーあ
がーん
Please choose either my right hand or my left hand.
(私の右手か左手どちらかを選んでください)

288 How often~?

STEP 3

□ **どのくらいの頻度で**

How often do you go to the amusement park?

▷あなたはどのくらいの頻度で、その遊園地に行きますか？

うそうそ ごめんな
ほんとはポッケに…
反応よすぎ
はい
?
!
デスティニーランドのペアチケット！
私ここ大好きです!!
Destiny Land
Pair ticket
1DAY
だと思った けっこう ここ 頻繁に行くの？
俺は2回しか行ったことないけど
あ えっと…
How often do you go to the amusement park?
（あなたはどのくらいの頻度でその遊園地に行きますか？）

STEP 3

289 be impressed with~

□ ~に感動する

I was impressed with the castle in the amusement park.

▷私は遊園地のお城に感動した。

実は全然行ってなくて子供の頃に1回しか行ったことないんです
そうなんだ
家族で初めて行ったとき…
そこのお城にすごく感動して
次は絶対王子様と来たいって思って…
だから先輩と行けるの
すごく嬉しいです

I **was impressed with** the castle in the amusement park.

（私は遊園地のお城に感動した）

290 I mean~.

□ **～という意味である**

I mean, let me celebrate your birthday.

▷私に誕生日をお祝いさせて、という意味です。

じゃあ　お姫様
クリスマスイブに俺とそこに行きませんか？

！
クリスマスイブ…

I mean, let me celebrate your birthday.
(誕生日をお祝いさせてってことだよ)
！

!!
なんで私の誕生日…！
まだ言ってないのに
みーちゃんにこっそり聞いた

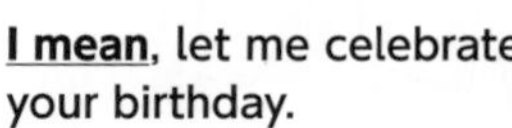

I mean, let me celebrate your birthday.

(誕生日をお祝いさせてという意味です)

STEP 3

291 be ready to~

□ **〜する用意ができている**

I am ready to go out now.

▷私はすでに出かける用意ができている。

誕生日をお祝いさせてってことだよ
クリスマスイブ当日
ドキドキ
そわそわ
ふぁ〜
てく
まりあ もう起きてたの!?
まだ6時よ!?
うん バッチリ準備したかったから
つっ
楽しみすぎて早く起きちゃったってのもあるけど
I am ready to go out now.
(私はすでに出かける用意ができている)

292 show…around~

STEP 3

□

…に～を案内する

I'll show you around the amusement park.

▷私があなたに遊園地を案内します。

入場待ち中

わく

わく

先輩 ランドの案内は私にまかせてください！

え 1回しか来たことないんじゃないの？

妄想では何百回と来てますから

ランドのマップ見ながら

I'll **show** you **around** the amusement park.

(私があなたに遊園地を案内します)

それは心強いな
よろしくな
♪

STEP 3

293 be covered with~

□ ~でおおわれている

The sky was covered with clouds.

▷空は雲でおおわれていた。

エントランスを出るとお城があるんでそこで写真…
あぁっ
すごい曇ってる…!!
どんより

お城バックに映えるツーショ撮りたかったのに~!!
がーん
たしかに!
ホワイトクリスマスイブ
単純
お城はまた晴れた日に来よう

The sky was covered with clouds.

(空は雲でおおわれていた)

でも今日雪降るかもだってそっちのほうがロマンチックじゃない?

294 try on~

STEP 3

～を試着する

I tried on a headband.

▷私はカチューシャを試着してみた。

あの
カチューシャ
ペアでつけたいです
いいよ
せっかくだしね
やった～

ん～
どっちか悩む～
キャラ付
カチューシャ
ミニハット型
カチューシャ
試しに
つけてみたら？

I **tried on** a headband.

（私はカチューシャを試着してみた）

すちゃ
どうですか？
うん
かわいい
！
こっちにしよ

STEP 3

295 a cup of~

□ **カップ1杯の~**

I want to have a cup of tea.

▷私はカップ1杯の紅茶を飲みたい。

次どこ行こうか
あの 紅茶を飲みたいお店があるんですけど
紅茶?
はい
スーベニアメニューっていって 紅茶を頼むとそのマグカップを持って帰れるメニューがあるんです
今日の記念にほしい!
飲み物は紙コップに入ってて カップは汚れてない
Merry Christmas
↑持って帰れる
へー そんなのあるんだ
いいね ついでにそこでご飯も食べちゃおう
はい

I want to have **a cup of** tea.

(私はカップ1杯の紅茶を飲みたい)

296 take away~

□ **~をかたづける，~を持ち去る**

She took away the dishes.

▷彼女は私たちの食器をかたづけた。

おいしかった~
店員さんに食器かたづけてもらおうか
はい
マグカップはタオルに包んで…
カチャ
カチャ
ペこっ
誕生日おめでとう
まりあ
She took away the dishes.
(彼女は私たちの食器をかたづけた)

297 How do you like~?

□ ～はいかがですか

How do you like the necklace?

▷ネックレスはいかがですか

そのネックレスどうかな？
まりあの好みに合う？
How do you like the necklace？
（ネックレスはいかがですか？）
すっごいすっごい素敵です！嬉しいです!!
よかった

298 thousands of~

STEP 3

□ 何千もの～

Thousands of lights turned on.

▷何千もの光がついた。

♪
あ 雪！
時間もちょうどいいな
？
ほら イルミネーションが点灯するよ
パァ
…キレイ
Thousands of lights turned on.
（何千もの光がついた）

STEP 3

299 for some time

□ **しばらくの間**

We looked at the Christmas lights for some time.

▷私たちはしばらくの間、イルミネーションを見ていた。

We looked at the Christmas lights
for some time.
(私たちはしばらくの間
イルミネーションを見ていた)
スマートすぎる
ドキ ドキ

300 get home

帰宅する，家に着く

I got home at 11 pm.

▷私は夜の11時に帰宅した。

ただいま〜

おかえり

門限23時にしてくださってありがとうございました

ちゃんと23時ぴったりね

まりあ

ドキッ

今日は1日一緒にいれて嬉しかった

おやすみ

バタン

あらあら

は〜〜♥ 好き!!♥

来年も先輩と一緒にいられますように!!

I got home at 11 pm.

（私は夜の11時に帰宅した）

最後までよくがんばったね！
みんなの夢もかないますように♡
English
Idiom

❤❤❤ さくいん ❤❤❤

a		
a cup of~	カップ１杯の～	307
a few~	少しの～，２，３の～（数えられる名詞につく）	66
a kind of~	一種の～	159
a little	少し，少しの	44
a long time ago	ずっと前に	174
a lot	たくさん，とても	26
a lot of~	たくさんの～	8
a member of~	～の一員	96
a piece of~	１枚の～，１切れの～	167
after a while	しばらくして	232
after school	放課後	43
again and again	何度も，くり返して	236
agree with~	～に同意する	187
all day	一日中	185
all of~	～の全員，～のうちのすべて	85
all over~	～中で，～のいたるところで	95
All right.	いいですよ	61
all the time	いつも	289
~and so on	～など	151
around the world	世界中で	80
arrive at~ / arrive in~	～に着く	107
as…as~	～と同じくらい…	65
as soon as~	～するとすぐに	114
A as well as B	Ｂと同様にＡも	238
ask…to~	…に～するように頼む	131
at first	最初は	123
at home	家で	32
at last	ついに，とうとう	181
at night	夜に	88
at school	学校で	51
at that time	そのとき，当時	115
at the age of~	～歳のときに	272
at the end of~	～の終わりに	226
at the same time	同時に	216
away from~	～から離れて	248
b		
be able to~	～することができる	45
be afraid of~	～をこわがる，～をおそれる	177

be born	生まれる	87
be covered with~	～でおおわれている	305
be different from~	～と異なる，～と違っている	179
be famous for~	～で有名である	147
be full of~	～でいっぱいである	253
be glad to~	～してうれしい	81
be going to~	～するつもりだ	9
be good at~	～が得意だ，～がじょうずだ	105
be happy to~	～してうれしい	40
be impressed with~	～に感動する	301
be in trouble	困っている	273
be interested in~	～に興味がある	18
be kind to~	～に親切である，～に親切にする	143
be made of~	～でできている	235
be over	終わる	252
be popular among~	～の間で人気がある	275
be proud of~	～を誇りに思う	225
be ready to~	～する用意ができている	303
be surprised to~	～して驚く	111
because of~	～のために	160
begin to…, begin…ing	…し始める	110
belong to~	～に所属する	298
between A and B	ＡとＢの間に（を，の）	130
both A and B	ＡもＢも両方とも	153
both of~	～の両方とも	250
by~	～（乗り物）で	171
by oneself	１人で，独力で	219
by the way	ところで	116
C		
call…back	…に電話をかけ直す	269
Can I~?	～してもいいですか	24
Can you~?	～してくれますか	46
come and~	～しに来る	135
come back to~	～へ帰ってくる，～へ戻る	59
come from~	～の出身である，～に由来する	71
come in	入る	175
Come on.	がんばって，元気を出して，さあ	243
come out of~	～から出てくる	222
come to~	～に来る	11
come true	実現する	170
communicate with~	～と意思を伝え合う	220

continue to ~	～し続ける	233
Could you~?	～していただけますか	86
	d	
decide to~	～しようと決心する	57
depend on~	～に頼る，まかせる，～次第である	271
do my homework	宿題をする	117
do one's best	全力をつくす，最善を尽くす	155
don't have to~	～する必要はない	37
during one's stay in~	～での滞在中に	297
	e	
each of~	それぞれの～	227
each other	お互い	63
either A or B	A か B かどちらか	299
enjoy…ing	…のを楽しむ	113
even if~	たとえ～だとしても	256
every day	毎日	17
	f	
far away	遠くに	221
find out~	～を見つけ出す，～だとわかる	218
finish…ing	…し終える	121
for a long time	長い間	68
for a while	しばらくの間	237
for dinner	夕食に	277
for example	たとえば	25
for some time	しばらくの間	311
for the first time	初めて	127
from A to B	A から B まで	39
	g	
get angry	怒る	244
get home	帰宅する，家に着く	312
get off~	～から降りる	173
get on~	～に乗る	183
get out of~	～から降りる，～から外へ出る	268
get to~	～に着く，～に到着する	77
get up	起きる	38
get well ／ get better	よくなる	158
give up	あきらめる，やめる	92
go…ing	…に行く	118
go abroad	外国へ行く	255
go and~	～に行く	276
go around~	～を歩き回る	264

go away	立ち去る	223
go back to~	～へ戻る，～へ帰っていく	78
go down~	～を降りる，下がる	169
go home	帰宅する	84
go into~	～に入る	144
go out	外出する，外に出る	106
go to bed	寝る，ベッドに入る	76
go to school	学校へ行く	70
go up to~	～に近寄る，～まで行く	196
Good luck.	幸運を祈る，がんばってね	230
graduate from~	～を卒業する	254
grow up	大人になる，成長する	215
	h	
half of~	～の半分	270
have a chance to~	～する機会がある	172
have a cold	風邪を引いている	207
have a good time	楽しい時を過ごす	90
have a hard time	苦労する，つらい目にあう	296
have a headahe	頭痛がする	285
have a party	パーティーを開く	168
have been to~	～へ行ったことがある	188
have fun	楽しむ	205
have to~	～しなければならない	36
hear about~	～について聞く	154
help…with~	…の～を手伝う	176
Here you are. / Here it is.	はい，どうぞ	112
Hold on, please	（電話で）少しお待ちください	291
How about~?	～はどうですか？	13
How do you like~?	～はいかがですか	309
How long~?	どのくらい（の間）～	42
How many~?	いくつの～，何枚の～	47
How much~?	～はいくらですか	91
How often~?	どのくらいの頻度で	300
How old~?	～は何歳ですか	239
how to~	～のしかた	22
	i	
I hear that~.	～だそうだ	104
I hope so.	そうだといいですね	287
I hope that~.	～だといいと思う	101
I mean~.	～という意味である	302
I see.	わかった，なるほど	19

I think so,too.	私もそう思います	186
I think that~.	私は～だと思う	97
I'd like to~, = I would like to~,	～したい（のですが）	52
I'd like~.	～がほしいのですが	100
I'm afraid that~.	（残念ながら）～ではないかと思う	203
I'm sure that~.	きっと～と思う	295
in fact	実は，実際は	161
in front of~	～の前で	72
in the future	将来は	50
in the morning	朝に，午前中に	28
in this way	このように	258
in time	間に合って，遅れずに	280
It is…to~.	～することは…だ	98
It says that~.	（手紙・本・ウェブサイトなどに）～と書いてある	210
	k	
keep …ing	…し続ける	137
	l	
last year	昨年	62
learn about~	～について学ぶ	27
learn to~	～するようになる	259
leave a message	（電話で）伝言を残す	292
Let me see.	ええと	278
like A better than B	ＢよりもＡのほうが好きだ	208
like to…, like…ing	…することが好きだ	133
like~(the)best	～がいちばん好きだ	142
listen to~	～を聞く	23
live in~	～に住む	20
long ago	ずっと前に	262
look around~	～を見回す	266
look at~	～を見る	10
look for~	～を探す	41
look forward to~	～を楽しみに待つ	149
look like~	～のように見える，～に似ている	124
look up	見上げる，～を調べる	231
	m	
make a mistake	間違える	217
make a speech	スピーチをする	224
many kinds of~	いろいろな種類の～	74
many times	何回も	119
May I help you?	何かお探しですか	146
May I speak to~?	（電話で）～さんをお願いします	197

May I~?	～してもいいですか	33
more and more	ますます	249
more than~	～より多く	48
most of~	～のほとんど，～の大部分	162
	n	
need to~	～する必要がある	64
next time	この次は，今度	214
next to~	～のとなりに	141
no one	だれも～ない，１人も～ない	164
not as…as~	～ほど…はない	260
not only A but also B	A だけでなく B もまた	261
not very~	あまり～ではない，それほど～ない	182
not…at all	少しも…ない	201
not…yet	まだ…ない	195
	o	
of all	すべての中で	284
of course	もちろん	31
on…right / on…left	…の右手に /…の左手に	190
on…way to~	～へ行く途中で	148
on the internet	インターネットで	128
on the phone	電話で	199
on TV	テレビで	89
one day	ある日	29
one of~	～のうちの１つ	15
out of~	～から，～の外に（へ）	69
overthere	向こうに，あそこで	189
	p	
part of~	～の一部，～の部分	83
pick up~	～を拾い上げる，～を車で迎えに行く	251
prepare for~	～の準備をする	267
put…in~	…を～に入れる	134
put on~	～を身につける	145
	r	
right now	今すぐ，ただ今	242
run away	走り去る，逃げる	241
	s	
say to oneself	心の中で思う	212
Shall I~?	～しましょうか	126
Shall we~?	～しましょうか	75
show…around~	…に～を案内する	304
since then	そのとき以来	178

sit down	すわる，着席する	156
sit on~	～にすわる	209
smile at~	～にほほえみかける	234
so…that~	とても…なので～	274
some day	（未来の）いつか	204
some of~	～のいくつか，～のいくらか	53
soon after~	～のすぐあとに	228
sound like~	～のように聞こえる	279
Sounds good.	いいですね，よさそうですね	202
speak to~	～に話しかける，～と話す	152
stand up	立ち上がる，起立する	129
start to…, start…ing	…し始める	150
stay at~, stay in~	～に滞在する	35
stay up	（寝ないで）起きている，夜ふかしする	282
stay with~	～の家に泊まる	138
stop…ing	…ことをやめる	125
such as~	（たとえば）～のような	240
t		
take…for a walk	…を散歩に連れていく	293
take…to~	…を～につれていく	30
take a bath	ふろに入る	200
take a message	（電話で）伝言を預かる	290
take a picture	写真を撮る	132
take a walk	散歩する	294
take away~	～をかたづける，～を持ち去る	308
take care of~	～の世話をする	67
take off~	～を脱ぐ	281
take out~	～を取り出す	263
take part in~	～に参加する	247
talk about~	～について話す	14
talk to~	～と話をする，～に話しかける	60
talk with~	～と話をする，～と話し合う	16
tell…to~	…に～するように言う	198
~than before	以前よりも～	229
Thank you for~	～をありがとう	56
thanks to~	～のおかげで	108
That's right.	その通りです	122
the next day	その翌日，次の日	94
the number of~	～の数	139
the other day	先日	283
the way to~	～へ行く道，（the way to 動詞の原形で）～する方法	136

these days	このごろ，最近	165
think about~	～のことを考える	21
this morning	今朝	103
this one / that one	こちらのも，これ／あちらのも，あれ	193
this time	今回は	166
thousands of~	何千もの～	310
throw away~	～を捨てる，無駄にする	257
too…to~	…すぎて～できない	265
try on~	～を試着する	306
try to~	～しようとする	12
	w	
wait for~	～を待つ	93
wake up	目を覚ます	246
walk around~	～を歩き回る	180
walk to~	～へ歩いていく	140
want…to~	…に～してもらいたい	55
want to~	～したい	54
Welcome to~	～へようこそ	191
What kind of ~?	どんな種類の～	192
What time~?	何時に～しますか	34
what to…	何を…したらよいか	73
What's wrong?	どうしたのですか	206
Which do you like better, A or B?	ＡとＢではどちらのほうが好きですか	288
Why don't you~?	～しませんか，～してはどうですか	79
Will you~?	～してくれますか	58
with a smile	ほほえみながら	213
without…ing	…しないで	157
work at~	～で働く，～に勤めている	99
worry about~	～について心配する	82
Would you like to~?	～しませんか	194
Would you like~?	～はいかがですか	120
Would you~?	～していただけますか	184
write to~	～に手紙［メール］を書く	286
	y	
You're welcome.	どういたしまして	102

胸キュンで覚える
中学英熟語 300

2020年11月23日　初版第１刷発行

マンガ　えりんご
監修　大岩秀樹（東進ハイスクール講師）

発行者　細川祐司
発行所　株式会社　小学館
〒101-8001　東京都千代田区一ツ橋 2-3-1
電話　編集　03-3230-5485
販売　03-5281-3555

印刷所　凸版印刷株式会社
製本所　株式会社若林製本工場

デザイン　菅原悠里、松倉真由美、【BGS 制作部】佐藤里衣（バナナグローブスタジオ）
校正　杉山一志
編集協力　桑原美保
編集　植田優生紀

PRINTED IN JAPAN

ISBN978-4-09-227235-4